La Chapelle ardante

AMPLISSIMO HOC APPARA
POMPA FVNEBRIS BRVXELL
GVDVLÆ TEMPLM PROCESS
PHILIPPVS CAROLO.V. ROM . I
IVSTA SOLVERET

Lucas duetecum. Fecit.

PVLCHRO ORDINE
LATIO AD DIVÆ
REX HISPANIARVM
TI MŒSTISSIMVS

Le grand es~tandart

Le conde de Policas~tre

Don Pedro de las ruelas

Camillo de C

La grande bannière Imp.^{le}

Antonio de brisels,
Fran.co marler
de malla

PLVS

Le S.r Stphano Doria

PLV VLTR

PLV VLTR

·6·

Né en 1931, agrégé d'espagnol, Joseph Pérez occupe la chaire de civilisation de l'Espagne et de l'Amérique latine à l'université de Bordeaux-III, dont il a été le président de 1978 à 1983. Il a dirigé, de 1989 à 1996, la Casa de Velázquez, siège de l'Ecole des hautes études hispaniques, à Madrid. Il a publié de nombreux ouvrages sur l'Espagne du XVIᵉ siècle et sur la formation des nations latino-américaines.

DÉCOUVERTES GALLIMARD
COLLECTION CONÇUE PAR
Pierre Marchand.
DIRECTION
Élisabeth de Farcy.
COORDINATION ÉDITORIALE
Anne Lemaire.
GRAPHISME
Alain Gouessant.
COORDINATION ICONOGRAPHIQUE
Isabelle de Latour.
SUIVI DE PRODUCTION
Fabienne Brifault.
SUIVI DE PARTENARIAT
Madeleine Giai-Levra.
RESPONSABLE COMMUNICATION
ET PRESSE Valérie Tolstoï.
PRESSE David Ducreux
et Alain Deroudilhe.

**CHARLES QUINT,
EMPEREUR DES DEUX MONDES**
ÉDITION Frédéric Morvan-Becker.
ICONOGRAPHIE Anne Soto.
MAQUETTE
Catherine Schubert.
LECTURE-CORRECTION
Pierre Granet.

A Elisabeth, Olivier et Xavier.

*1ᵉʳ dépôt légal : janvier 1994
Dépôt légal : janvier 2005
Numéro d'édition : 141092
ISBN : 2-07-053237-2
Imprimé en France par Pollina - n° 98652*

CHARLES QUINT
EMPEREUR DES DEUX MONDES

Joseph Pérez

DÉCOUVERTES GALLIMARD
HISTOIRE

MAXIMILIANVS I IMP.
ARCHIDVX AVSTRIÆ.
DVX BVRGVNDIÆ

PHILIPPVS HISP. REX. I.
ARCHIDVX AVSTRIÆ.

MARIA DVCISSA
BVRGVNDIÆ MAX.

FERDINANDVS I IMP.
ARCHIDVX AVSTRIÆ

CAROLVS V IMP.
ARCHIDVX AYSTRIÆ.

LVDOVICVS
HVNG

Le futur empereur est né à Gand le 24 février 1500. Par sa mère, Jeanne, fille aînée des Rois Catholiques, il peut prétendre aux couronnes de Castille et d'Aragon. De son père, Philippe le Beau, fils de l'empereur Maximilien et petit-fils de Charles le Téméraire, il possède des droits sur ce qui reste du duché de Bourgogne et des titres à l'appui d'une éventuelle candidature au Saint Empire.

CHAPITRE PREMIER
UN BOURGUIGNON À LA COUR D'ESPAGNE

Les Habsbourg vus par le peintre Bernard Striegel : Maximilien Ier (1459-1519); sa femme, Marie de Bourgogne ; leur fils aîné, Philippe le Beau (1478-1506); leurs petits enfants : Ferdinand (1503-1564) et Charles Quint ; enfin Louis II (1506-1526), roi de Bohême et de Hongrie, qui avait épousé en 1522 l'une des sœurs de Charles, Marie.

Qui était Charles Quint ? Faut-il voir en lui un homme d'un autre âge, nostalgique d'une Chrétienté en train de mourir ? ou un précurseur, un Européen avant la lettre ? Il ne connaissait pas l'Espagne quand il y est venu, à l'âge de dix-sept ans, recueillir l'héritage des Rois Catholiques, et ses sujets l'ont très mal reçu ; ils finiront par l'admirer, comme le fera Voltaire qui le jugeait bien supérieur à son rival François Ier :

C'est dans le Prinsenhof de Gand (ci-dessous) qu'est né le futur empereur. Les comtes de Flandre préféraient cette résidence au Gravenkaastel voisin, plus ancien et moins agréable à habiter. Le cortège se dirige vers l'église Saint-Jean (aujourd'hui Saint-Bavon) où sera célébré le baptême : «Jamais, écrit un chroniqueur, ne fut vu en Gand si somptueux luminaire pour quelque prince qui naquît ou entrât en la ville.»

«Nul empereur depuis Charlemagne n'eut tant d'éclat que Charles Quint» (*Essai sur les mœurs*). Il a régné sur l'Espagne, les Pays-Bas, la Franche-Comté, une partie de l'Allemagne et de l'Italie, la moitié du continent américain, mais la passion nationaliste lui est étrangère : il a respecté l'autonomie, les lois et les coutumes de ses divers territoires. Charles Quint n'est pourtant pas un apatride. Il se sent l'héritier d'une nation avortée : la Bourgogne ; il a rêvé de bâtir la république chrétienne, ce que nous appellerions aujourd'hui l'Europe, mais c'est en Espagne qu'il a choisi de mourir.

Une généalogie prometteuse mais aléatoire

En 1500, l'accumulation de titres est tout à fait aléatoire. Il faut une série de catastrophes pour qu'elle se transforme en réalité ; encore ne sera-t-il pas inutile de forcer le hasard. C'est ce que montre la succession espagnole qui paraît aujourd'hui la plus naturelle, mais n'en reste pas moins la plus inattendue.

Charles n'a pas encore deux ans quand ses parents partent pour l'Espagne se faire reconnaître comme héritiers des Rois Catholiques. Son père rentre aux Pays-Bas au début de l'année 1502 ; sa mère, Jeanne, enceinte, ne le rejoindra qu'au printemps 1504. Tous deux retournent dans la péninsule Ibérique en 1506 pour recueillir la couronne de Castille, après la mort d'Isabelle. Ni l'un ni l'autre ne reviendra : Philippe meurt subitement à Burgos en septembre 1506 ; Jeanne, affectée par cette disparition, sombre dans une mélancolie et une aboulie dont elle ne guérira pas. Charles n'a donc guère connu ses parents. Il a été élevé, d'abord par sa tante Marguerite d'Autriche, puis par son tuteur, Guillaume de Croy, seigneur de Chièvres, et par son précepteur, Adrien Floriszoon, dit Adrien d'Utrecht, qui deviendra pape en 1522 sous le nom d'Adrien VI. Ces trois influences font de Charles

Fils de l'empereur Maximilien, Philippe le Beau, né à Bruges le 23 juin 1478, épouse à Lille, en 1496, la fille aînée des Rois Catholiques, Jeanne. Bien fait de sa personne, il aime les fêtes et la galanterie.

de Gand un prince qui, très tôt, est marqué par l'idéal de la chevalerie.

Une éducation sous le signe de la Bourgogne

Sa langue maternelle est le français ; c'est en français qu'il écrira à ses frères et sœurs. Il apprendra à s'exprimer correctement en espagnol et il utilise cette langue pour correspondre avec sa femme et ses enfants. En revanche, il n'arrivera jamais à se mettre à l'allemand. Par sa naissance et son éducation, il est avant tout bourguignon. On l'a baptisé Charles en l'honneur de son arrière-grand-père, le Téméraire, et, pendant toute son enfance et son adolescence, on n'a cessé de l'élever dans le culte de ses ancêtres qui songeaient à bâtir, entre la France et les pays germaniques, une nation dotée d'une personnalité et d'une culture originales.

De ce projet, il ne restait plus, au début du XVIᵉ siècle, qu'un ensemble de territoires : les Flandres et la Franche-Comté essentiellement,

sans communication directe depuis qu'en 1477 Louis XI s'était emparé de la Bourgogne proprement dite, mais, à une époque où les nations modernes n'avaient pas encore atteint leurs contours définitifs, certains conservaient l'espoir de reconstituer le grand-duché d'Occident. Charles est de ceux-là. En 1506, il prend le titre de duc de Bourgogne que portait déjà son père Philippe le Beau car la famille ne s'était jamais résignée à l'annexion au profit de la France.

Les Flandres, un pôle européen

Les Flandres forment la partie la plus riche de cet héritage bourguignon. On désignait sous ce nom un ensemble de territoires plus ou moins autonomes

Jeanne et Philippe eurent six enfants : Éléonore (1498-1558), née et élevée aux Pays-Bas jusqu'en 1517, mariée en 1519 au roi Emmanuel de Portugal puis, en 1530, à François Iᵉʳ ; Charles Quint (à gauche, brandissant une épée) ; Ferdinand (1503-1564), né et élevé en Espagne, roi de Bohème et de Hongrie en 1526, empereur en 1555 ; Isabelle (1501-1525), mariée en 1515 au roi Christian de Danemark ; Marie (1505-1558), mariée en 1515 à Louis II, roi de Bohème et de Hongrie, qui gouverne les Pays-Bas en 1531 ; Catherine (1507-1578), enfermée avec sa mère jusqu'en 1525, puis mariée au roi Jean III de Portugal.

C'est sous Charles le Téméraire que la Bourgogne connaît son apogée ; avec des revenus égaux à ceux de la république de Venise, c'était peut-être la plus grande puissance d'Europe. Depuis la fin du XIVᵉ siècle, Dijon était le siège des «pays de Bourgogne» : Flandres, Artois, Franche-Comté... et Bourgogne. Le duc y établit le Parlement souverain (ci-contre) et édifia un palais digne du rang qu'il souhaitait donner à ses Etats. Après sa mort, en 1477, la Bourgogne avait été incorporée au royaume de France.

(le comté de Hollande, le duché de Gueldre, l'évêché d'Utrecht, la seigneurie de Frise, etc.) que Philippe le Bon avait rattachés au duché de Bourgogne en 1428. La région tirait sa prospérité de sa position au carrefour de deux voies commerciales : celle qui allait de l'Atlantique à la Baltique et celle qui unissait Venise et l'Italie à l'Angleterre et à la mer du Nord. La pêche, le commerce et l'industrie textile constituaient les activités principales. La laine, importée d'Angleterre et surtout d'Espagne, avait donné naissance aux draperies de Nimègue, de Leyde, d'Ypres, de Gand... Bruges, puis Anvers, étaient des centres dynamiques. Les Flandres, dans la première moitié du XVIᵉ siècle, passaient pour un modèle de développement économique réussi. On admirait la manière dont elles avaient cherché à éliminer la mendicité en réorganisant la bienfaisance et en ouvrant des ateliers pour ceux qui étaient sans emploi. La vie culturelle n'était pas moins remarquable.

Depuis la fin du XVᵉ siècle, commerce, industrie, pêcheries font la prospérité des Flandres. Nimègue et Leyde sont célèbres pour leurs draperies ; Dordrecht importe des laines d'Angleterre ; le procédé de mise en caque du hareng, découvert à cette époque, permet l'exportation du poisson. Dans les marchés affluent sel de France et de Portugal, laines d'Angleterre et d'Espagne, bois et blé de la Baltique... L'union avec l'Espagne donne encore plus d'essor à ce commerce.

L'université de Louvain, fondée en 1425, avait acquis rapidement un rayonnement qui allait bien au-delà des limites territoriales des Pays-Bas. Au XVe siècle, c'est des Flandres qu'était parti le mouvement des Frères de la vie commune qui se proposait de renouveler en profondeur, avant la Réforme luthérienne, les formes de vie religieuse et de spiritualité. Au XVIe siècle, Érasme de Rotterdam, le prince des humanistes, s'imposait comme le maître à penser d'une grande partie des élites d'Europe. L'un de ses admirateurs, l'Espagnol Luis Vivès, avait fait de Bruges sa résidence et servait d'intermédiaire avec la péninsule Ibérique. Quant aux artistes flamands, depuis Van Eyck, ils se proposaient partout comme des modèles.

Humaniste et partisan d'une religion éclairée, plus attaché au culte en esprit qu'aux dogmes et aux cérémonies, Erasme (1469 ?-1536) rompt avec Luther à propos du libre arbitre sans pour autant rassurer les traditionalistes. Il a exercé sur les élites d'Europe un magistère intellectuel comparable à celui de Voltaire au XVIIIe siècle. Ci-dessous, son portrait par Dürer.

Les relations Flandres-Espagne

Depuis le mariage, en 1477, de la fille du Téméraire, Marie de Bourgogne, et de Maximilien d'Autriche, les Flandres se trouvaient placées dans la mouvance des Habsbourg. Vers la même époque, les ducs de Bourgogne avaient conclu avec la Castille et l'Aragon une alliance contre la France. Ce rapprochement diplomatique allait se compléter, une vingtaine d'années plus tard, par une union dynastique entre les

familles régnantes. C'est le sens du double mariage de 1497 : Marguerite d'Autriche, fille de l'empereur Maximilien, épouse le prince héritier des couronnes d'Espagne, don Juan, tandis que Philippe le Beau, fils aîné de l'empereur, épouse l'infante Jeanne.

La première union ne dura que quelques mois : don Juan ne résista pas, dit-on, à une lune de miel trop poussée. Charles Quint s'en souviendra. Il mettra en garde son propre fils, Philippe II, au moment de son

Les Espagnols sont présents au Pays-bas depuis le XIVe siècle. Au début, ils vendent surtout du fer, mais la laine prend vite la première place (plus de 7 000 tonnes par an), le fret de retour étant constitué par la draperie flamande. Les négociants de Burgos et de Bilbao ont des représentants à Anvers et à Bruges où ils jouissent de privilèges depuis 1428, ces consuls sont à l'origine de la chambre de commerce espagnole de Bruges qui, en 1540, obtient l'étape des laines d'Espagne pour l'ensemble des Pays-Bas. Ci-dessous, la Citadelle des Espagnols, à Gand.

mariage, contre tout excès en lui rappelant le triste sort de don Juan, «le prince mort d'amour». Cette disparition fait de Jeanne l'héritière des royaumes d'Espagne, une Jeanne qui est elle-même malade d'amour : elle ne supportait pas les trop nombreuses maîtresses de son mari, malgré les conseils de ses parents qui l'invitaient à faire passer la raison d'état au-dessus de son infortune conjugale. C'est ainsi que le futur Charles Quint acquit des droits sur l'Espagne.

Les liens entre l'Espagne et les Flandres sont donc relativement anciens au moment où Charles devient, d'abord duc de Bourgogne, puis roi de Castille et d'Aragon. Autant ou plus que sur une alliance dynastique, ils reposent sur des intérêts économiques. Les draperies flamandes ont besoin de matière première, cette laine que la Castille fournit en abondance. Le grand commerce de Burgos doit, depuis longtemps, sa puissance à ces échanges avec l'Europe du Nord : on exporte des laines ; on importe des draps. Les Espagnols ont, à Bruges, un consulat très actif. En apparence, les deux territoires, les Flandres et l'Espagne, ont toutes les raisons de se féliciter d'être gouvernés par le même souverain.

Charles avait été couronné duc de Bourgogne en 1507, mais c'est seulement le 5 janvier 1515 que sa tante Marguerite l'émancipe. Charles multiplie alors les «joyeuses entrées» dans les principales villes de son domaine (pages suivantes, à Bruges en 1515). Arcs de triomphe, cortèges, banquets... font de ces manifestations des réjouissances à la fois princières et populaires dans lesquelles s'exprime le loyalisme des sujets à l'égard du jeune prince (ci-contre), leur «seigneur naturel».

La draperie constituait l'une des richesses principales des Pays-Bas. Au début du XVIᵉ siècle, libérée de la réglementation des corporations, elle s'était développée à Ypres, Armentières, Hondschoote, Lille... où l'on fabriquait des draps bon marché. En Flandre maritime, dans le Hainaut et le Brabant, c'est le lin qui fournissait la matière principale des ateliers textiles. A Cambrai et à Courtrai, on élaborait des toiles ; Bruxelles se spécialisait dans la tapisserie de haute lice. Cette industrie donnait lieu à un commerce florissant, dominé par Bruges, puis Anvers. Anvers, déjà siège d'une industrie textile prospère, devient, sous Charles Quint, la principale place commerciale des Pays-Bas, y compris du point de vue financier, grâce à deux foires annuelles. Des agents portugais y vendaient les épices des Indes orientales, ce qui contribuait encore à attirer les négociants de l'Europe du Nord. Dans la deuxième moitié du XVIᵉ siècle, en raison des troubles politiques et religieux, Anvers déclinera au profit d'Amsterdam. Ci-contre, le marché aux tissus à Hertogenbosch.

En réalité, la situation est plus complexe. La Castille ne tardera pas à s'inquiéter : en favorisant l'exportation des laines, ne se condamne-t-elle pas à terme au sous-développement ? Quant aux Pays-Bas, ils rechignent vite devant les contributions que leur souverain exige pour financer sa politique européenne. Charles Quint, pourtant, a eu le souci de préserver les intérêts de sa terre natale. Ne pouvant y résider en permanence, il en confie le gouvernement, d'abord à sa tante, Marguerite d'Autriche, puis à sa sœur, Marie de Hongrie, toutes deux habiles politiques.

Le dernier des chevaliers

Guillaume de Croy, plus encore que Marguerite d'Autriche, a donné à Charles une âme de Bourguignon. L'adolescence du prince a été nourrie de lectures qui le plongeaient dans le monde irréel des chroniqueurs bourguignons, Chastellain et surtout Olivier de La Marche, un Comtois, mort en 1502, qui avait servi à la cour de Philippe le Bon, de Charles le Téméraire et de Philippe le Beau. Les *Mémoires* d'Olivier de la Marche ne furent imprimés qu'en 1562, mais ils avaient beaucoup circulé sous forme de manuscrits ; un autre ouvrage du même auteur, le *Chevalier délibéré*, faisait les délices de Charles qui en emportera un exemplaire dans sa retraite de Yuste, à la fin de sa vie. C'était un poème allégorique à la

Créé en 1430 par Philippe le Bon, la Toison d'or est le plus illustre des ordres de chevalerie, destiné à faire revivre la chevalerie chrétienne, celle qui avait entraîné jadis les Croisés vers Jérusalem. Après la chute de Constantinople, Philippe avait fait jurer à tous les chevaliers qu'ils partiraient avec lui chasser les Turcs… à condition que le roi de France vînt avec eux! Le nom de l'ordre rappelle la légende de Jason ; il symbolise aussi Jérusalem, la toison de Gédéon, la Vierge. Les soixante et un chevaliers, tous de noble naissance, se réunissent tous les ans en chapitre. Le grand maître est toujours le duc de Bourgogne (ci-contre, de haut en bas, Maximilien Ier, Philippe le Beau et Charles Quint). L'insigne représente un bélier attaché par le milieu du corps à un collier d'or; il se porte suspendu à une cravate rouge. Lors des cérémonies, les chevaliers revêtent un long costume de velours rouge ou noir. Charles Quint introduit l'ordre en Espagne; il y fait entrer des Espagnols, Italiens et Allemands afin de s'attacher des fidélités personnelles et de perpétuer l'esprit de la chevalerie.

gloire de la bravoure et, plus particulièrement, de Charles le Téméraire, symbole et modèle, selon l'auteur, de la chevalerie.

Un ordre symbolise cet idéal, la Toison d'or, emblème des grands-ducs d'Occident. Charles Quint en sera le grand maître, sa vie durant ; il l'introduira en Espagne, dès 1517, avec sa magnificence, ses festins, ses tournois et surtout ce cérémonial compliqué qui règle la vie de cour, l'étiquette, rituel qui, avant de passer d'Espagne en France, au XVIIᵉ siècle, était d'origine bourguignonne. De cette éducation chevaleresque, Charles Quint conserve toute sa vie le goût des fêtes et des cérémonies, l'habitude des banquets, auxquels le prédisposait un appétit proche de la gloutonnerie, la passion des exercices physiques la chasse notamment, et même la corrida, celle du moins qu'on pratiquait en Espagne avant qu'elle devînt, à l'époque de Goya, l'affaire de professionnels. C'est ainsi que, lors des fêtes données à Valladolid en 1527 pour la naissance du prince héritier Philippe, ses sujets admiratifs virent l'empereur descendre dans l'arène et combattre un taureau.

La difficile succession d'Espagne

La reine Isabelle meurt en 1504. Sa fille aînée Jeanne est appelée à lui succéder en Castille, mais son

La rencontre entre Philippe le Beau et son beau-père, le roi d'Aragon, a lieu en 1506 (ci-dessus). Presque toute la noblesse de Castille s'est rangée du côté du premier : elle attend de lui des places et des pensions ; elle espère surtout retrouver un rôle politique. Le duc d'Albe est l'un des rares magnats à être resté fidèle à Ferdinand le Catholique. Celui-ci, redevenu simple roi d'Aragon, se résigne à laisser le champ libre à son rival heureux ; mais la mort prématurée de ce dernier lui permettra néanmoins d'exercer la régence de Castille jusqu'à l'avènement de Charles Quint.

équilibre mental donne des inquiétudes ; aussi sa mère a-t-elle prévu de confier la régence au roi d'Aragon, Ferdinand. Une partie de la noblesse castillane ne l'entend pas ainsi. Elle supporte mal d'avoir été écartée des affaires depuis l'avènement des Rois Catholiques et elle espère mettre la situation à profit pour retrouver l'influence perdue. Pour se débarrasser de Ferdinand, «l'Aragonais», jugé trop autoritaire, elle appuie Philippe le Beau qui prétend régner au nom de sa femme. Jeanne et Philippe retournent donc en Espagne au printemps 1506, mais Philippe meurt quelques mois après son arrivée. Pour éviter que le pays ne sombre dans l'anarchie, on se hâte de rappeler Ferdinand qui se retrouve ainsi à la tête du royaume de Castille, mais sans le titre de roi ; il se borne en principe à exercer le pouvoir

L a morale chevaleresque exalte la prouesse, c'est-à-dire à la fois la vaillance et la loyauté. Entre deux guerres, ces vertus sont cultivées dans les tournois, simulacres de combats ritualisés, mais qui finissent par se transformer en une sorte de divertissement mondain où l'on cherche à faire montre de bravoure et de témérité devant les dames. Ci-dessus, le «jeu de lances» donné en l'honneur de Philippe le Beau à son arrivée en Espagne. Dürer donne à la même époque une image allégorique du chevalier : le *Chevalier de la mort* (à gauche).

au nom de sa fille, souveraine légitime. Instruit par l'expérience, Ferdinand prend ses précautions : d'une part, il fait enfermer Jeanne dans la forteresse de Tordesillas d'où elle ne sortira plus jusqu'à sa mort ; d'autre part, il met tout en œuvre pour que, le moment venu, son autre petit-fils, Ferdinand, né et élevé en Espagne, prenne le relais à la place de son frère Charles, le Flamand, dont on est convaincu qu'il ne viendra jamais en Espagne. C'est bien ce qui aurait pu se passer si l'entourage flamand de Charles de Gand n'avait pas réagi vite et fort.

Fille aînée des Rois Catholiques, Jeanne la Folle (1479-1555) qui avait reçu une éducation soignée (elle lisait couramment le latin) épouse à Lille, en 1496, Philippe le Beau dont elle tombe éperdument amoureuse. La jalousie la pousse à multiplier les scènes de violence contre les maîtresses de son mari et aggrave un déséquilibre mental qui s'accentue avec le temps. Les Cortès refusèrent de la priver de ses droits à la couronne, mais de fait elle était incapable d'exercer ses prérogatives.

L'arrivée en Espagne

La mort du roi d'Aragon, en janvier 1516, n'aurait rien dû changer à la situation juridique : Jeanne reste reine de Castille ; son fils Charles ne peut prétendre qu'à gouverner en son nom comme l'avait fait son grand-père, le Roi Catholique. Ses conseillers, à Bruxelles, ont d'autres ambitions ; ils le font proclamer roi de Castille et d'Aragon conjointement avec sa mère Jeanne. C'est un coup d'État. Le cardinal Cisneros, régent, s'incline et presse le jeune prince de venir le plus tôt possible prendre possession de son trône. C'est seulement dix-huit mois plus tard,

Mort subitement à Burgos, le 25 septembre 1506, pour avoir absorbé de l'eau glacée à l'issue d'une partie de jeu de paume, Philippe le Beau fut d'abord enterré dans la chartreuse de Miraflores, près de Burgos (ci-dessous le cortège funèbre quitte la ville pour le monastère). Sa veuve fit ensuite porter son cadavre à Grenade, où il trouva une sépulture définitive dans la chapelle royale de la cathédrale, à côté du tombeau des Rois Catholiques.

le 18 septembre 1517, que Charles et sa suite, égarés par la tempête, débarquent dans une bourgade des Asturies, Villaviciosa, où on ne les attendait pas et où la population croit à une attaque des Turcs ! On s'explique ; on regroupe les éléments dispersés de la cour qui se met lentement en marche vers l'intérieur du pays : sept semaines pour franchir la distance entre la côte Cantabrique et Tordesillas où Charles arrive le 4 novembre.

De la rencontre entre la reine recluse et le fils qu'elle n'avait pas revu depuis quinze ans, on sait très peu de choses sauf que Guillaume de Croy a paru très satisfait de ses entretiens avec Jeanne : lui a-t-il arraché un acte qui donnait pleins-pouvoirs à Charles ? ou plus simplement a-t-il été rassuré par l'état d'une reine qui manifestement n'était pas en

Le chef-d'œuvre de Pradilla, peint en 1877, quand l'artiste avait à peine vingt-neuf ans, représente l'un des temps forts de la légende de Jeanne la Folle. Le cortège funèbre qui accompagnait les restes de Philippe le Beau, de Burgos à Grenade, voyageait de nuit, à la lueur des torches. Le jour, le cercueil était déposé dans une église, mais la reine, toujours jalouse, interdisait aux femmes d'y entrer, de même qu'elle refusait de faire étape dans les couvents féminins. Au fond, à droite, on aperçoit précisément l'un de ces couvents : Jeanne s'y était rendue par erreur, mais, s'apercevant de l'erreur, avait obligé le cortège à rebrousser chemin et à faire halte en pleine campagne ; d'où le feu de bois destiné à réchauffer les membres de la suite royale pendant la froide nuit de Castille. De temps en temps, Jeanne faisait ouvrir le cercueil pour vérifier que le cadavre n'avait pas été enlevé. Le peintre a représenté Jeanne enceinte ; c'est quelques mois plus tard, en effet, qu'elle accouchera de sa fille Catherine.

mesure d'exercer ses prérogatives ? Quoi qu'il en soit, la visite à Tordesillas a permis à la cour de lever l'obstacle majeur qui pouvait se dresser devant les ambitions de Charles. La reine ne constituera pas une menace politique ; elle ne cherchera pas à disputer le pouvoir à son fils qui voit son titre de roi confirmé ; le coup d'État de 1516 est légitimé. Charles, cependant, adopte à l'égard de sa mère la même attitude que le roi d'Aragon : il la laisse sous bonne garde à Tordesillas avec interdiction d'en sortir et de recevoir des visites.

La fiction qui associe la mère et le fils au pouvoir est maintenue : tous les documents officiels sont établis au nom de Jeanne, par la grâce de Dieu reine de Castille, et de Charles, par la même grâce de Dieu roi de Castille... Personne n'est dupe : Jeanne n'a droit qu'au titre ; les prérogatives royales sont exercées par son fils, situation qui se prolongera jusqu'à la mort de la reine. Sans le coup d'État de 1516, Charles Quint aurait dû attendre 1555 pour inaugurer son règne personnel.

VALLISOLETVM Aliàs Pincia, dimunter Valladolid dicitur, nobiliss totius hâspania oppidum Sereniss Regis Procerib, Illustriumq; conge, j des est, ac præ magnifica ædificiis, tam nobili usu, quam cultu diuino nitidissime constructis, præ cæteris Hispaniæ ciuitatibus superbit, & cu nutur. & of oppidum et mercatus frequentia, & mortuæ soli, &c pretærfluentis pinguis, haud contemnendus uoluptes percipit

L'éviction de l'infant Ferdinand

Restait le problème posé par le propre frère de
Charles, l'infant Ferdinand, en qui beaucoup, en
Espagne, voyaient le souverain idéal. L'affaire fut
menée en deux temps. En septembre 1517, avant

l'arrivée de Charles, on
place dans l'entourage de
l'infant des hommes sûrs.
Après la clôture des
Cortès de Valladolid
(1518), qui avaient
pourtant exclu cette
solution, Ferdinand est
prié de quitter l'Espagne ;
il n'y reviendra plus
jamais. Étrange destin
que celui des deux frères :
Charles, le Flamand,
régnera sur l'Espagne qu'il ne connaissait pas ;
Ferdinand, le petit-fils chéri du roi d'Aragon, aura en
charge les possessions héréditaires des Habsbourg,
deviendra roi de Hongrie en 1521, lieutenant de
l'Empire en 1522 et, enfin, empereur après
l'abdication de son frère aîné.

Sous Charles Quint, Valladolid (ci-dessus) est l'une des plus grandes villes d'Espagne, après Séville et Valence, avec ses cinquante mille habitants. Siège de la Chancellerie – l'une des deux cours supérieures de justice, la seconde étant située à Grenade – et d'une université, elle est la résidence favorite de la cour et fait figure, jusqu'en 1561, de capitale du royaume. A gauche, un portrait de Ferdinand, le prétendant malheureux au trône d'Espagne.

Jusqu'à la visite à Tordesillas, la cour évitait les villes comme si elle craignait des manifestations hostiles ; maintenant, le nouveau roi se montre en public et, le 18 novembre 1517, fait son entrée solennelle à Valladolid. L'effet est désastreux : Charles ne parle pas un mot d'espagnol ; il est entouré de Flamands qui se conduisent comme en pays conquis : ils se partagent les places, les sinécures et les prébendes, Guillaume de Croy fait attribuer à son neveu, un jeune homme de dix-huit ans, l'archevêché de Tolède, le plus riche bénéfice d'Espagne, vacant depuis la mort de Cisneros, survenue le 8 novembre. Aux Cortès, réunies à Valladolid, les députés rappellent sans ménagement à Charles que sa mère reste en droit reine de Castille et que le souverain n'est que le premier des fonctionnaires du royaume : il a des comptes à rendre et ne peut violer les lois et les coutumes.

Né probablement en 1436, le franciscain Cisneros devient en 1492 le confesseur d'Isabelle la Catholique et, trois ans plus tard, archevêque de Tolède. Cardinal et inquisiteur général en 1507, il s'emploie à réformer le clergé ; il fonde l'université d'Alcalá de Henares, fait imprimer à ses frais une édition polyglotte de la Bible. A deux reprises, il exerce des responsabilités politiques : d'abord en 1506-1507, entre la mort de Philippe le Beau et le retour du roi d'Aragon, puis en 1516-1517, entre la mort de ce dernier et l'arrivée de Charles Quint. Cisneros meurt le 8 novembre 1517 sans avoir pu rencontrer le nouveau roi d'Espagne.

Roi et empereur

Les choses se passent mieux à Saragosse où le roi arrive en mai de l'année suivante et à Barcelone où il fait son entrée le 15 février 1519. Il en profite pour donner de grandes fêtes et tenir un chapitre de l'ordre de la Toison d'or où sont admis quelques-uns des grands noms de l'aristocratie espagnole, peu reconnaissants, au demeurant, de l'honneur qui leur est fait. C'est à Barcelone que Charles apprend la mort de son grand-père, l'empereur Maximilien, et sa propre élection comme roi des Romains (28 juin 1519). Il annonce aussitôt son départ pour l'Allemagne ; en même temps, comme il faut payer les frais de l'élection et du voyage, il convoque une nouvelle fois les Cortès de Castille pour obtenir des subsides complémentaires. Le mécontentement s'accroît et la ville de Tolède s'en fait l'interprète. Bien loin de flatter l'amour-propre national, l'élection du roi à l'empire provoque des réactions hostiles. C'est d'abord la titulature qui irrite. Considérant que la dignité impériale est supérieure à la royale, la chancellerie recommande de la placer en tête des documents officiels : Charles, cinquième à porter ce nom dans la liste des empereurs – c'est à partir de cette date qu'on commence à l'appeler Charles Quint –, sera nommé avant sa mère, ce qui

Réunis à Francfort, les sept électeurs du Saint Empire romain germanique avaient désigné le roi de Castille pour succéder à son grand-père Maximilien, décédé le 12 janvier 1519. Charles fut couronné roi des Romains à Aix-la-Chapelle, le 23 octobre 1520. Il portera le titre d'empereur élu jusqu'à ce qu'en 1530, le pape lui remette la couronne impériale.

donne une formule compliquée :
Charles, par la grâce de Dieu
empereur élu, roi des Romains,
Jeanne, par la grâce de Dieu reine
de Castille, et le même Charles,
par la même grâce de Dieu roi de
Castille... On s'adressera à lui
désormais en l'appelant Majesté et
non plus Altesse.

La réaction des Espagnols

Au-delà de la formule,
c'est l'élection
impériale elle-même
que conteste une
partie de la
Castille. On
craint que
Charles, qui, pour les Espagnols,
reste Charles Ier, ne soit tenté
de sacrifier les intérêts de la
péninsule, que la Castille ne soit
plus qu'une dépendance de
l'empire et qu'elle ne soit obligée
de financer par ses impôts une
politique qui lui est étrangère.
Ce n'est donc pas la
xénophobie, comme on l'écrit
parfois, qui pousse la Castille
à la révolte ; c'est l'intuition
que l'Espagne va se trouver
entraînée dans des entreprises
qui ne la concernent pas. Les
conseillers flamands, pressés de
quitter l'Espagne, sous-estiment cette inquiétude. Les
Cortès se réunissent le 26 mars 1520 à Saint-Jacques-
de-Compostelle et accueillent fraîchement les
discours lénifiants qu'on leur tient. Le 13 avril,
l'assemblée se transporte à La Corogne où attend la
flotte qui doit conduire l'empereur en Allemagne.
Après plus d'un mois de tractations, de pressions et
de corruptions, une courte majorité de députés vote
enfin les crédits demandés. Le 20 mai, Charles Quint

Le peintre Amberger
a dressé un portrait
de Charles Quint dans
la force de l'âge, vêtu
de noir : le noir
deviendra après lui la
couleur favorite à la
cour d'Espagne. On
remarque le collier de
grand-maître de la
Toison d'or, et le
fameux prognathisme,
caractéristique des
Habsbourg. Charles
garde la plupart du
temps la bouche
ouverte ; les Espagnols
le prennent pour un
niais.

Charles Quint s'embarque pour l'Allemagne à La Corogne, le 20 mai 1520 (ci-contre); il ne reviendra dans la péninsule que le 16 juillet 1522.

Ce tableau de 1860 (à droite) valut à Antonio Gisbert (1834-1901) de devenir le peintre favori des libéraux espagnols qui voyaient dans l'exécution des chefs *comuneros* le symbole du pouvoir tyrannique. Juan Bravo, capitaine des milices de Ségovie, avait demandé à être décapité le premier pour ne pas être témoin de la mort de Padilla, le meilleur chevalier qui restât en Castille; c'est sa tête que le bourreau montre à la foule tandis que le Tolédan Juan de Padilla médite devant le cadavre de son compagnon. On devait aussi exécuter le chef *comunero* de Salamanque, Pedro Maldonado, mais celui-ci était le neveu du comte de Benavente, l'un des vainqueurs de Villalar, qui exigea qu'on attendît le retour de Charles Quint. A sa place, on décapita son cousin, Francisco Maldonado; on le voit ici gravir les marches pendant qu'un moine lui montre un crucifix. Pedro se constitua prisonnier en juillet 1522 et fut exécuté au mois d'août suivant.

s'embarque. Pour ne froisser aucun Grand, c'est à son ancien précepteur, le cardinal Adrien, qu'il confie la régence pour la durée de son absence. Maladresse insigne : le cardinal est respecté, mais il a le tort d'être étranger; les Castillans sont renforcés dans le sentiment qu'on les traite avec désinvolture. Six mois plus tard, mieux informé, l'empereur cherche à atténuer ce fâcheux effet en associant au gouvernement deux Grands, le connétable et l'amiral de Castille, mais c'est trop tard; la Castille s'est révoltée sous l'impulsion des municipalités de Tolède et de Salamanque. Une assemblée se réunit, d'abord à Avila, puis à Tordesillas : elle prétend «libérer» la reine Jeanne, seule souveraine légitime, donc exclure Charles du pouvoir. Fort heureusement pour ce dernier, Jeanne, comme à l'ordinaire, reste plongée dans sa torpeur et refuse de signer le moindre document; si les *comuneros* – c'est le nom qu'on donne aux rebelles – avaient pu la convaincre, Charles Quint aurait été éliminé pour longtemps des affaires de Castille.

Les comuneros

Les *comuneros*, s'appuyant sur les
théories scolastiques concernant
l'origine et l'exercice du pouvoir,
accusent Charles Quint de faire
passer les intérêts de la dynastie
avant ceux de la nation ; ils refusent
de financer la politique impériale ;
ils soutiennent que le royaume
assemblé dans ses Cortès est
supérieur au roi. C'est bien une
révolution qui se prépare en vue
de soumettre les décisions du
souverain au contrôle des Cortès.
L'aristocratie vient au secours de
l'empereur ; ses troupes écrasent la
rébellion à Villalar (21 avril 1521),
mais ces événements témoignent
de réticences qui persisteront
longtemps.

Comment «devenir» Espagnol ?

Charles Quint a pourtant tiré, à sa façon, la leçon des événements de 1520-1521. D'abord, il apprend l'espagnol. Il se convainc ensuite qu'à l'occasion des nombreux déplacements qu'il sera obligé de faire hors de la péninsule il ne peut confier la régence qu'à un membre de sa famille. Ce sera sa femme, puis son fils. Le 10 mars 1526, à Séville, il épouse sa cousine germaine, Isabelle de Portugal, qui lui donna trois enfants : Philippe, Marie, et Jeanne. Ce mariage fut bien accueilli en Espagne ; c'était déjà celui qu'avaient recommandé les *comuneros* de 1520. Il faut se souvenir qu'à l'époque l'Espagne désignait la péninsule Ibérique dans son ensemble. Chantant les prouesses de ses compatriotes sur toutes les mers du monde, Camoens précisera : Portugais et Castillans sont les uns et les autres des Espagnols, de même que les Aragonais. La Portugaise Isabelle n'était donc pas sentie comme étrangère, mais comme Espagnole. Elle se faisait du reste une très haute idée de ses devoirs et de sa dignité. L'accouchement de son

Né à Valladolid, le 21 mai 1527, le futur Philippe II était pâle, blond avec les yeux bleus ; sa mâchoire inférieure, légèrement pendante, rappelle celle de son père. Il s'intéressait aux mathématiques et à l'architecture, peu à l'escrime ou à la chasse. A l'âge de seize ans, il commença son apprentissage politique en assumant la régence d'Espagne.

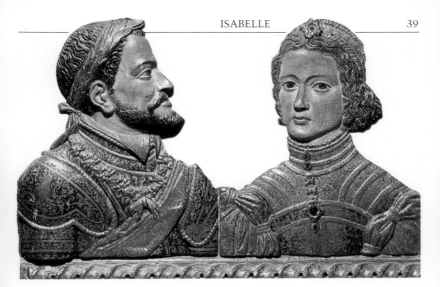

premier enfant fut difficile ; elle fit éteindre toutes les chandelles pour qu'on ne vît pas sur son visage des signes de douleur et, à la sage-femme qui lui recommandait de pousser un grand cri pour faciliter le travail, elle répondit dans sa langue maternelle, le portugais : «Jamais de la vie ! j'en mourrai peut-être, mais je ne crierai pas.» L'impératrice mourra en couches le 1er mai 1539. Elle avait refusé qu'on l'embaumât ; quand le cortège funèbre arriva à Grenade pour l'inhumation, après de longues journées de marche, on ouvrit le cercueil et on demanda aux gentilshommes de la cour de jurer qu'il s'agissait bien du corps de l'impératrice. L'un d'eux resta frappé d'horreur devant le cadavre en décomposition ; au notaire qui s'impatientait, il finit par répondre que c'était en effet le corps qu'il avait accompagné depuis Tolède, mais que plus jamais il ne servirait de souverain mortel. François Borgia, duc de Gandie, tint parole. En 1546, devenu veuf, il entra chez les jésuites. Il refusa le chapeau de cardinal qu'on lui offrait. Il fut béatifié en 1624 et canonisé en 1671.

En 1521, Charles s'était engagé à épouser la fille du roi d'Angleterre, Henri VIII, Marie, alors âgée de cinq ans. En 1526, il préféra se marier avec sa cousine Isabelle, fille du roi de Portugal, qui avait l'avantage d'être considérée comme Espagnole; pour leur lune de miel, les jeunes époux visitèrent Grenade et le palais de l'Alhambra. Il porta une grande affection à celle qui lui donna trois enfants : Philippe II (1527-1598); Marie (1528-1603), femme de Maximilien II, empereur en 1564, et mère d'Anne d'Autriche, reine d'Espagne, quatrième épouse de Philippe II, roi d'espagne; Jeanne enfin (1535-1573) qui épousa en 1552 le prince Jean, fils du roi Jean III de Portugal.

Comme celle des Rois Catholiques, l'Espagne des Habsbourg est un État multinational, un ensemble de territoires, chacun conservant son statut particulier, son économie, sa monnaie. La couronne de Castille comprend les provinces basques, la Navarre et les Indes ; la couronne d'Aragon se compose de deux royaumes, l'Aragon et Valence, des comtés catalans et de territoires annexes, les Baléares, la Sicile, Naples.

CHAPITRE II

L'ESPAGNE DE CHARLES QUINT

Les aigles impériales, les armes de Castille, Léon et Aragon, et le collier de la Toison d'or composent l'emblème du nouvel empereur. Dans sa devise *Plus oultre*, en principe illustrée par les colonnes d'Hercule (le détroit de Gibraltar), on a vu – après coup et à tort – une allusion au Nouveau Monde sur lequel Charles Quint allait régner.

La puissance de Charles Quint, qui ajoute à son héritage espagnol les Flandres, la Franche-Comté, l'Empire, le duché de Milan, paraît immense. En fait, cet empire n'a pas d'unité ; le seul lien est constitué par la personne du souverain, mais les diverses composantes n'ont pas le sentiment de former une communauté et elles sont loin de contribuer également aux dépenses de l'ensemble. C'est la couronne de Castille qui fournit l'essentiel des moyens militaires et financiers, ce qui ne va pas sans provoquer des difficultés au fur et à mesure que la charge s'accroît. Les autres parties de l'empire tirent plus ou moins leur épingle du jeu et se replient sur leur statut juridique et leur autonomie. En dépit des apparences, l'empire espagnol est fragile parce qu'il est dispersé. C'est un conglomérat de territoires sans cohésion.

La cour d'Espagne

Les Espagnols mettront du temps à s'accoutumer au cérémonial bourguignon qu'ils trouvaient trop dispendieux et qui les avait persuadés que l'avènement des Habsbourg marquait une rupture avec les habitudes plus simples de la cour des Rois Catholiques. Dès 1526, le Conseil d'État invite

L a gloutonnerie de Charles Quint a frappé tous ses contemporains. Il absorbait aussi d'énormes quantités de bière glacée.

Charles Quint à modérer ses dépenses pour donner l'exemple à ses sujets. Le jeu – entendons : les tournois –, le luxe dans la mode, les banquets, voilà les trois innovations principales qu'on doit aux Habsbourg dans la vie de cour, écrira-t-on vers 1535. Une instruction de Charles Quint au futur Philippe II, datée d'Augsbourg, le 18 janvier 1548, fixe définitivement l'étiquette : la maison du roi se compose désormais d'une cour d'environ mille deux cents personnes ; le rôle de chacune est minutieusement décrit et ce règlement ne laisse aucune place à l'improvisation. On comprend que Philippe – à la différence de son père – ait mené une existence plutôt casanière ; ce n'est pas seulement une affaire de tempérament ; une cour itinérante était

On connaissait en Espagne deux formes de courses de taureaux (ci-dessus) : un divertissement populaire et un jeu chevaleresque comme celui auquel prit part Charles Quint à Valladolid en 1527.

incompatible avec une étiquette contraignante, sans parler des frais qu'elle entraînait ; en 1555 encore, les Cortès de Castille demanderont en vain qu'au moins la maison de l'infant don Carlos soit ordonnée selon la coutume espagnole et non selon l'usage bourguignon.

La Castille

Charles Quint s'est appuyé sur le plus riche de ses territoires par sa population et son économie, la Castille. En théorie, les Cortès sont censées représenter le royaume. En fait cet équilibre est faussé pour plusieurs raisons. D'abord, les Cortès ne représentent pas la totalité du royaume, mais seulement les villes. Charles Quint y a bien convoqué le clergé et la noblesse à deux reprises, en 1527 et en 1538, mais l'expérience a été décevante ; il ne la renouvellera pas. De plus, les Cortès ne représentent pas toutes les villes de Castille, mais seulement dix-huit, en vertu de privilèges qui remontent au Moyen Age. Enfin, le corps électoral chargé de désigner les députés aux Cortès est des plus restreints : il se compose des membres de l'aristocratie locale, les échevins,

En Castille, les Cortès sont uniquement composées des représentants des villes ; dans les Etats d'Aragon siègent aussi ceux du clergé et de la noblesse (à droite).

D ans la première moitié du XVI siècle, Tolède (en bas) comptait environ 50 000 habitants. Ancienne capitale de l'Espagne wisigothique, elle restait l'une des principales villes du royaume ; son archevêque était primat d'Espagne ; de nombreux seigneurs y avaient établi leur résidence. C'était une ville dynamique et active grâce à un artisanat de qualité, surtout apprécié dans les métiers de la confection et de la soierie. En 1520, c'est Tolède qui donne le signal de la révolte des *Comuneros*, et c'est la dernière ville à capituler, en février 1522. Le déclin de la ville, sensible dans la seconde moitié du siècle, est accéléré par la montée de Madrid, promue capitale en 1561.

qui se transmettent leur charge de père en fils. Dans ces conditions, les Cortès de Castille, d'ailleurs convoquées à des intervalles très irréguliers, ne sont pas en mesure de s'opposer au pouvoir royal.

L'équilibre des pouvoirs se trouve ainsi rompu au profit du roi qui exerce en fait une autorité sans contrôle. Une série de conseils spécialisés

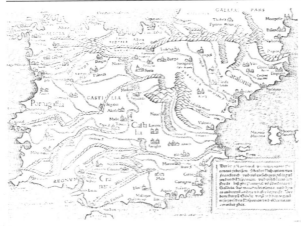

Le rufian, c'est le souteneur, le proxénète. La prostitution s'est beaucoup développée dans les principales villes d'Espagne au XVIe siècle, malgré les tentatives pour la réglementer et la cantonner dans certains quartiers, comme à Tolède, Médina del Campo ou Valence. Beaucoup croyaient que coucher avec une prostituée n'était pas un péché ; l'Inquisition aura bien du mal à lutter contre cette erreur qu'elle assimilera à une hérésie, en la sanctionnant toutefois de peines bénignes

(Inquisition, Castille, Finances...) assurent le fonctionnement des pouvoirs publics. Cette collégialité est une des caractéristiques de l'administration des Habsbourg. Chaque Conseil est composé d'une quinzaine de membres et les juristes y sont en majorité ; les questions importantes sont soumises à discussion ; un bref rapport est remis au roi qui le renvoie au Conseil avec ses observations ; c'est le système de la *consulta* ; la décision définitive est prise à ce moment-là. Les secrétaires font la liaison entre le souverain et les Conseils, ce qui leur donne un rôle de premier plan, d'autant plus que certains d'entre eux restent en fonctions très longtemps, par exemple Francisco de los Cobos.

Economie et société en Espagne

Les *comuneros* avaient cherché à modifier l'économie du pays en réduisant les exportations et en créant de nombreux ateliers pour travailler la laine que la Castille produisait en grandes quantités. Leur échec contribue à accentuer le sous-développement du pays. Charles Quint revient à la politique traditionnelle ; il favorise les exportations de laine ; les industries textiles se heurtent à la concurrence de l'étranger. Les Cortès s'inquiètent à plusieurs reprises de la montée du vagabondage : des masses d'oisifs, paysans sans terre et sans travail, et de chômeurs errent de ville en ville et posent des problèmes à l'ordre public. Il faudrait fixer cette population, l'occuper, car ce n'est pas le travail qui manque, rappellent les Cortès, mais rares sont les travailleurs ou plutôt les ouvriers qui acceptent un salaire réduit. Certaines municipalités prennent des mesures en ce sens et le gouvernement royal les approuve, ce qui provoque un grand débat autour de 1540. Il s'agit, pour l'État et les municipalités, de réglementer la bienfaisance et de la réserver aux invalides, aux vieillards et aux enfants ; les autres devront se mettre au travail. Le but non avoué, c'est d'obtenir une main-d'œuvre à bon marché : les possédants préféreraient payer des salaires – mais de bas salaires – plutôt que de verser des aumônes. Les théologiens protestent ; ils pressentent derrière ces projets des égoïsmes de classe et la réorganisation envisagée reste sans effet, non pas, comme on le dit parfois, à cause

La laine des moutons transhumants de la Meseta constitue la richesse principale de la Castille. La tonte se faisait en mai ; la laine était ensuite triée et lavée dans des ateliers spécialisés avant d'être livrée aux artisans ou expédiée à l'étranger.

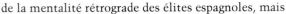

de la mentalité rétrograde des élites espagnoles, mais en raison d'une conjoncture défavorable. Le mépris dans lequel on tient le travail manuel n'est pas une exclusivité espagnole ; il est trop facile de ramener la situation de sous-développement de l'Espagne à un problème de psychologie collective. Au XVIᵉ siècle, les ouvriers espagnols exigent des salaires élevés que les employeurs refusent de payer : ils préfèrent faire venir la main-d'œuvre de l'étranger – de France, par exemple – ou bien utiliser les services des descendants des maures, les *moriscos*. Vers le milieu

La découverte de mines d'or et d'argent en Amérique porta un coup sévère aux industries traditionnelles de l'Europe (ci-contre, une mine d'argent en Lorraine en 1529), en raison de la richesse de leurs filons et surtout de l'utilisation d'une main-d'œuvre bon marché – les Indiens astreints au travail forcé : la *mita*. Les principaux centres de production se trouvaient au Mexique et au Pérou où les gisements de Potosí, découverts en 1545, s'avéreront exceptionnellement rentables grâce au procédé de l'amalgame du minerai par le mercure. De 1503 à 1660, les «trésors d'Amérique» parvenus en Espagne représentèrent plus de 300 tonnes d'or et plus de 25 000 tonnes d'argent.

du siècle, Luis Ortiz s'adresse au futur Philippe II dans un mémoire resté célèbre ; il recommande de restreindre les exportations et les importations et de mettre l'Espagne au travail afin qu'elle soit en mesure de fabriquer elle-même les articles dont elle a besoin. Cet appel n'est pas mieux entendu que les précédents et, du reste, il semble bien que, vers 1550, le moment favorable soit passé : l'Espagne a pris des habitudes de consommation ; elle compte beaucoup trop sur les métaux précieux d'Amérique pour payer ses achats à l'étranger, calcul qui, à la longue, s'avérera désastreux.

La nécessité dans laquelle se trouvaient les négociants de se procurer des monnaies locales fit la fortune des changeurs (ci-contre). Au XVIᵉ siècle, le ducat espagnol fit prime dans toute l'Europe ; il pesait 3,52 grammes et titrait à 23 carats 3/4.

Produire ou importer ?

Depuis le début du siècle, l'Espagne reçoit de ses possessions d'Amérique des quantités croissantes de métaux précieux, de l'or et surtout de l'argent. Cet afflux lui permet de faire face aux échéances les plus urgentes de la politique impériale, mais n'a pas donné lieu à un véritable enrichissement du pays. L'historien américain E. J. Hamilton, qui, vers 1930, avait entrepris de repenser les liens entre l'arrivée des trésors américains, la hausse des prix et les transformations économiques et sociales, a développé une théorie selon laquelle c'est l'écart entre les prix et les salaires qui aurait permis l'accumulation des capitaux nécessaires à la évolution commerciale du XVIᵉ siècle.

Le retard des salaires sur les prix a été important en Angleterre et en France; en Espagne, pays de hauts salaires, les deux courbes ont eu tendance à se rapprocher après 1530, ce qui expliquerait la faiblesse du capitalisme espagnol et le retard économique de l'Espagne : peu de profits, donc peu d'accumulation et, par voie de conséquence, pas d'investissements. En ce qui concerne plus précisément l'Espagne, il y aurait eu effectivement, contrairement à ce que croyait Hamilton, accumulation des profits, au moins relative, mais ces profits, au lieu d'être investis dans le commerce ou l'industrie, l'ont été dans l'agriculture et les emprunts, emprunts d'Etat (*juros*) ou emprunts privés (*censos*).

Certains historiens espagnols insistent sur le rôle des banquiers étrangers, allemands ou italiens. Ces négociants vendent en Espagne des produits destinés au marché intérieur ou au marché américain, mais ils n'ont pas la possibilité légale de transférer hors d'Espagne leurs bénéfices sous forme de monnaie ou de métal précieux; comme ils doivent les dépenser

Dès le XIIIᵉ siècle, Séville, dont l'arrière-pays produisait du blé, du vin et de l'huile, s'est trouvée placée sur la voie qui menait d'Italie en Europe du Nord, mais aussi sur celle qui conduisait aux Açores, aux Canaries, à Madère, aux établissements portugais d'Afrique. Des Génois, mais aussi des Anglais, des Allemands, des Portugais et des Français s'y étaient installés. Avec la découverte de l'Amérique, la ville connut un véritable âge d'or. La Casa de la Contratación, créée en 1503, était chargée de

sur place, ils achètent des matières premières et des produits agricoles qu'ils ont le droit d'exporter : laine, soieries, fer, huile, mercure, aluns, sel, cuirs, etc. Ces opérations contribuent à faire monter les prix agricoles ; elles constituent un encouragement à investir dans l'agriculture, mais elles accroissent aussi la dépendance de l'Espagne vis-à-vis de l'étranger : l'Espagne continue à vendre des matières premières et à acheter des produits manufacturés ; elle se condamne ainsi au sous-développement.

Inquiétudes religieuses

L'unité religieuse de l'Espagne de Charles Quint fait impression, et pourtant ! Il ne faut pas oublier qu'elle a été obtenue par des moyens rigoureux, par une contrainte que symbolise une institution, l'Inquisition. Juifs, chrétiens et musulmans avaient cohabité pendant des siècles en Espagne jusqu'aux émeutes antisémites de 1391 qui avaient entraîné un changement radical. Beaucoup de juifs s'étaient alors

faire respecter le monopole commercial de l'Espagne : tous les bateaux en partance pour le Nouveau Monde ou qui en revenaient devaient faire enregistrer à Séville leur cargaison ; c'est là, sur les bords du Guadalquivir, dans la tour de l'Or, que les galions débarquaient leurs précieuses marchandises. Les grandes compagnies y avaient leurs comptoirs ; la ville attirait marchands, banquiers et aventuriers et, devenue la plus peuplée d'Espagne avec ses 150 000 habitants, était l'une des plus grandes d'Europe.

convertis pour échapper aux persécutions ; on les désignait sous l'appellation de *conversos*, mais la masse des vieux chrétiens les considérait comme de faux convertis et il est exact qu'un nombre relativement élevé de *conversos* étaient retournés subrepticement au judaïsme, ce qui faisait d'eux des apostats.

La réaction des Rois Catholiques fut double : contre les judaïsants, ils créent un tribunal spécial, l'Inquisition ; pour mieux assurer la foi des convertis sincères, ils les isolent de ceux qui sont restés juifs et ils décident finalement, en 1492, d'expulser les juifs. Alors se produit une seconde vague de conversions ; beaucoup demandent le baptême pour échapper au décret d'expulsion.

L'Inquisition

L'Inquisition, fondée pour réprimer l'hérésie des judaïsants, étend son champ d'action, sous le règne de Charles Quint, à toutes les formes d'hétérodoxie. L'Espagne, en effet, ne reste pas à l'écart du mouvement des idées religieuses

Les Rois Catholiques avaient obtenu des papes la faculté de proposer les titulaires des principaux bénéfices ecclésiastiques d'Espagne et le droit de présentation (patronat) pour les bénéfices des Canaries et d'Amérique. Le haut clergé devient ainsi un auxiliaire du pouvoir royal. Nombreux sont les prélats qui sont investis de fonctions officielles, ainsi l'archevêque de Tolède, Cisneros (à gauche). Ordre privilégié, le clergé jouit de l'exemption d'impôt (il reverse cependant à l'Etat une partie des dîmes et des dons gracieux), et d'une juridiction spéciale. Très fortement hiérarchisé, il comprend une élite de prélats, de chanoines et de religieux souvent bien formés et conscients de leurs devoirs, mais la masse des clercs ne se distingue ni par son instruction, ni par sa moralité.

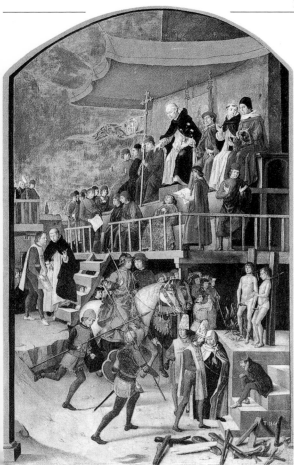

L'*autodafé* est la cérémonie solennelle par laquelle se termine un procès d'Inquisition. Elle est conçue comme une réparation et une manifestation publique d'attachement à la foi (c'est ce que signifie le mot : « acte de foi »); c'est pourquoi la population et les autorités sont invitées à s'y associer. Les condamnés s'y rendent en procession, revêtus d'un vêtement d'infamie, le *san benito*, qu'on accrochera ensuite aux voûtes de l'église paroissiale avec le nom de celui qui le portait de façon à perpétuer à jamais le souvenir de cette tache. Un membre du tribunal prononce un sermon puis lit les verdicts rendus ; les peines vont de la simple abjuration à la mort, en passant par la pénitence, la prison, les galères, la flagellation, l'exil. Après la cérémonie, les condamnés à mort sont livrés au bras séculier et conduits au bûcher. Les victimes ont été tout d'abord des juifs convertis, accusés d'être revenus à la religion de Moïse, puis des protestants ; en Espagne, les condamnations pour sorcellerie ont été rares, contrairement à ce qui se passait au même moment dans le reste de l'Europe.

caractéristique du XVIᵉ siècle. Les progrès du luthéranisme inquiètent bientôt les autorités politiques et religieuses et on a tendance à en voir partout des manifestations. Les «illuminés», par exemple, préconisent une religion débarrassée des cérémonies et du culte extérieur; ils recommandent l'abandon à la volonté de Dieu et une très grande liberté à l'égard du dogme et du culte, sinon de la morale. L'édit inquisitorial de 1525 engage contre eux

des poursuites et les illuminés sont rapidement éliminés. L'Inquisition nourrit des craintes analogues à l'égard des idées d'Érasme qui, à partir de 1522, connaissent une certaine diffusion dans l'élite intellectuelle du pays : on traduit et on adapte ses œuvres ; Érasme jouit alors d'une protection quasi officielle ; l'empereur et ses principaux collaborateurs, l'archevêque de Tolède et l'inquisiteur général lui-même, interdisent qu'on s'en prenne à ses idées.

On connaît des exemples d'autodafés de livres en Espagne ; ils concernent presque tous des Bibles juives traduites en espagnol. Une première aurait été brûlée sur ordre de l'Inquisition vers 1481 ; en 1490, puis, en 1492, ce sont plusieurs milliers de Bibles et de livres juifs qui sont livrés aux flammes à Salamanque, de même qu'à Barcelone en 1497. Pendant son séjour à Grenade, en 1501, Cisneros aurait fait saisir de quatre à cinq mille livres arabes ; les traités de médecine furent envoyés à l'université d'Alcalá, alors en voie de formation ; les autres auraient été brûlés.

C'est par le biais des poursuites contre les illuminés que l'Inquisition s'attaque aux principaux représentants de l'érasmisme espagnol et les réduit au silence. Illuminisme et érasmisme sont des mouvements distincts, mais qui présentent de nombreux points communs, notamment la place qu'y occupent les convertis du judaïsme : les *conversos* sincèrement acquis au catholicisme devaient être particulièrement séduits par une piété qui rompait délibérément avec les prescriptions minutieuses, qui leur rappelaient les contraintes de la loi mosaïque.

Dans l'ensemble le règne de Charles Quint se caractérise par une relative liberté de ton et d'allure. Tout changera en 1558-1559 avec la découverte d'authentiques foyers de luthéranisme à Valladolid et à Séville, ce qui provoquera une réaction brutale de l'empereur, depuis sa retraite de Yuste.

Une autre minorité fait problème, celle des *moriscos*, descendants des musulmans d'Espagne. Ils sont nombreux à Grenade, à Valence et dans la vallée

de l'Ebre. Mal assimilés, ce sont en fait des musulmans qu'on a convertis de force. Sous le règne de Charles Quint commence une politique destinée à les contraindre à renoncer à leur langue, à leurs coutumes et à leur religion sans qu'on en arrive toutefois à des mesures de rigueur comparables à celles qu'on emploie à l'encontre des juifs convertis. C'est que les *moriscos* posent un problème social plus que religieux. L'Inquisition se montre moins sévère envers eux dans la mesure où ils constituent une masse laborieuse, docile et soumise à ses maîtres, les grands seigneurs, qui prennent volontiers leur défense devant les pouvoirs publics et les autorités religieuses.

Dans les Pays-Bas espagnols, l'intolérance en matière de religion se tourne principalement contre les protestants, contre les disciples de Luther (ci-contre) et de Calvin. Les guerres de religion qui vont déchirer cette région sous le règne de Philippe II, le fils de Charles Quint, vont déployer – des deux côtés il faut le dire – des formes d'exécution plus variées que celles de l'Inquisition ; ci-dessous, le bûcher est associé à la pendaison ou à la décapitation.

Le continent que les Espagnols s'obstinent, jusqu'au XVIIIe siècle, à appeler les Indes occupe peu de place dans les grands desseins de l'empereur. On a voulu voir dans ce fait une preuve de plus du caractère anachronique et médiéval de la pensée de Charles Quint. C'est pourtant sous son règne que s'est constitué l'empire espagnol d'Amérique et que l'idée même de colonisation a été mise en cause.

CHAPITRE III
L'EMPIRE DES INDES

Moctezuma avait tout fait pour dissuader Cortés d'arriver jusqu'à Mexico. En vain ; l'Espagnol entra dans la capitale le 8 novembre 1519. La rencontre entre les deux hommes s'accompagna d'un échange de cadeaux, mais Cortés, méfiant, préféra retenir l'empereur en captivité. C'est en haranguant ses compatriotes pour les inviter à se soumettre que Moctezuma mourut lapidé.

Les conquêtes

Quand Charles Quint arrive au pouvoir, les Antilles
sont épuisées ; on cherche de nouvelles terres à
conquérir et à exploiter ; plusieurs tentatives sont
menées dans ce sens ; l'une d'elles, en direction du
Mexique, connaît une réussite éclatante. Hernán
Cortés débarque sur la côte du Mexique en avril 1519
avec onze bateaux et cinq cents hommes. En
novembre, il est au cœur de l'empire aztèque, à
Tenochtitlan, qu'il doit évacuer précipitamment,
sept mois plus tard (30 juin 1520), à la suite de la
rébellion massive de la population. En août 1521,
Cortés reprend la ville et installe durablement son
autorité sur l'ancien territoire des Aztèques.

Dix ans après, trois aventuriers (Pizarro, Almagro,
Luque) partent de Panama en direction du sud. En
1532, leur petite troupe met en déroute l'armée
indienne et exige de l'Inca Atahualpa une rançon
énorme qui scandalise l'Europe. En novembre 1533, la
capitale des Incas, Cuzco, est occupée. Vers 1540, la
domination espagnole dans les Andes est établie.

En moins de vingt ans, deux empires immenses,
bien organisés et très peuplés, s'effondrent sous les
coups d'aventuriers dont les effectifs n'ont jamais
dépassé mille hommes. Comment expliquer des

Cortés a un premier
entretien avec des
émissaires de
Moctezuma qui se
demandent s'ils n'ont
pas affaire à une
réincarnation du dieu
Quetzalcoatl qui, selon
la légende, devait
revenir par l'est.

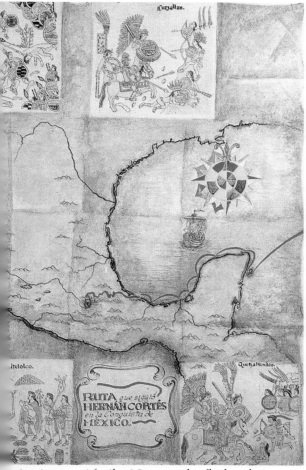

Cortés quitte Cuba le 18 février 1519 avec onze navires, une centaine de marins, cinq cent huit soldats, seize chevaux et quatorze canons. Après avoir recruté, à Cozumel et sur la côte du Yucatan, des auxiliaires et des interprètes (dont une indienne, la Malinche, dont il fera sa maîtresse), il longe les côtes du golfe du Mexique jusqu'à Tabasco ; il débarque le 21 avril et fonde la ville de Vera Cruz. Cortés coule ses bateaux pour ne pas être tenté de revenir en arrière et poursuit sa route vers le plateau mexicain, s'allie à la tribu de Tlaxcala, qui supportait mal la domination de Moctezuma ; pour intimider ses adversaires, il massacre plusieurs milliers de nobles aztèques à Cholula (18 octobre 1519) et arrive en vue de la lagune de Mexico-Tenochtitlan le 8 novembre. Moctezuma lui fait bon accueil, mais la population, irritée par les pillages, se révolte. Moctezuma est tué. Cortés doit évacuer la ville en catastrophe, le 30 juin 1520 : c'est l'épisode de la *Triste Nuit*. Après avoir reconstitué ses forces, Cortés reprend Mexico le 13 août 1521.

victoires aussi faciles ? Les arcs, les flèches, les pierres, les lances, les lassos des Indiens pouvaient peu de choses contre les armes à feu et l'acier des cuirasses, des casques, des épées des Espagnols qui utilisaient aussi des animaux inconnus sur le continent : chevaux et chiens. La supériorité technique compensait en partie l'infériorité numérique et conférait aux Espagnols un avantage

CONQVISTA DE MEX

HERNAN CORTÉS

Hernán Cortés (ci-dessus) est né probablement en 1485. Ses parents pensaient le pousser vers l'administration : il aurait, selon la légende, étudié à Salamanque. Dès 1504, il s'embarque pour le Nouveau Monde. Il s'installe d'abord dans l'île Espagnole (Saint-Domingue), puis participe, en 1511, à la conquête de Cuba. Après son épopée mexicaine (1519-1522), dont on voit ci-contre un épisode, il est nommé gouverneur des territoires conquis. Destitué en 1526, il retourne en Espagne en 1528 ; Charles Quint le fait marquis de la Vallée d'Oaxaca, mais lui refuse la vice-royauté. Cortés séjourne au Mexique entre 1530 et 1540 ; il s'engage dans la malheureuse expédition contre Alger et meurt, près de Séville, le 2 décembre 1547.

certain, mais non déterminant. De tout autre portée étaient les facteurs religieux, ces croyances qui plaçaient les Indiens dans un état de moindre résistance psychologique : ils attendaient le retour imminent de dieux qu'ils eurent tendance à identifier avec les Européens ; de terribles épidémies (variole, grippe...) s'abattaient sur des organismes qui n'étaient pas préparés à ce choc microbien ; ces maladies frappaient seulement les Indiens et épargnaient les conquérants ; on comprend que les premiers y aient vu un signe du ciel : les dieux les avaient abandonnés.

Enfin, il ne faut pas négliger les aspects politiques : les Espagnols se sont presque toujours battus contre des adversaires divisés ; ils ont exploité les rivalités locales, le ressentiment qu'Aztèques et Incas avaient suscité chez les tribus soumises, d'où cette situation paradoxale : la victoire a été plus rapide et décisive contre les empires les plus puissants et les mieux organisés ; là, les Espagnols ont frappé à la tête et ont substitué leur autorité à celle des Aztèques et des Incas.

En revanche, quand ils ont trouvé devant eux des tribus indépendantes, le combat a été beaucoup plus incertain ; c'est le cas au Chili et en Patagonie, par exemple.

FRANC. PIZARRO

La conquête du Pérou est l'œuvre de Francisco Pizarro (ci-dessus) (1475 ?-1541) et de ses frères Gonzalo (1502-1548) et Hernando (1478?-1578). Partie de Panama, l'expédition s'enfonce dans le domaine des Incas. le 15 novembre 1532, elle arrive à Cajamarca où, dès le lendemain, se présente Atahualpa accompagné de dix mille Indiens sans armes. Les Espagnols massacrent cette troupe et s'emparent d'Atahualpa. Pour le libérer, ils exigent une rançon énorme. On voit, sur la gravure ci-contre, des Indiens apporter toute sorte de vaisselle en or et des bijoux aux Espagnols qui comptent le butin. Atahualpa n'aura pourtant pas la vie sauve ; Pizarro le fait exécuter le 26 juillet 1533, après un simulacre de procès. La capitale de l'empire Inca, Cuzco, est prise le 14 novembre 1533. Puis les vainqueurs, avides de butin, se disputent. Pizarro est assassiné.

Organisation politique de l'empire des Indes

L'empire d'Amérique repose sur une administration simple, mais efficace. A la base, dans les villes nouvelles qu'ils ont fondées, les conquistadors mettent en place des conseils municipaux (*cabildos*), domaine réservé de l'aristocratie créole. Le paradoxe est qu'au moment où, dans la péninsule, les anciennes municipalités voient leur autonomie disparaître, l'institution connaît un regain inattendu outre-mer. La couronne est représentée sur place par des fonctionnaires (*corregidores, alcaldes mayores, gobernadores*) et aussi par des juridictions territoriales étendues qui ont des attributions administratives et judiciaires, les audiences. La première s'installe à Saint-Domingue dès 1511 ; on en crée ensuite à Mexico, au Guatemala, à Guadalajara, à Panama, à Bogota, à Charcas... Enfin, les deux pays les plus importants sont érigés en vice-royautés : la Nouvelle Espagne (Mexique) en 1529 et le Pérou en 1543. Dans la péninsule, le Conseil des Indes, définitivement organisé en 1524, dirige l'ensemble de la politique coloniale. Il a une mission d'information, de direction et de contrôle grâce aux inspections périodiques (*visitas* et *residencias*).

Dès le XVIᵉ siècle, il y a conflit virtuel entre les créoles et les fonctionnaires royaux, installés sur place ou résidant en Castille. Entre les uns et les autres se nouent des rapports complexes : solidarités, complicités, coopération, mais aussi rivalités : juristes contre aristocrates, pouvoir civil contre pouvoir militaire. Les conquistadors estiment être maîtres chez eux puisqu'ils ont conquis ces

Les cinq *Cartas de relación* sont des rapports rédigés entre 1519 et 1526 et destinés à Charles Quint. Cortés y rapporte les différentes étapes de la conquête du Mexique et décrit les particularités du territoire : paysages, climat, mœurs des habitants, religion, organisation politique, économique et sociale. C'est seulement en 1852 que l'on disposera d'une édition complète des cinq relations.

territoires ; ils entendent en tirer profit ; ils considèrent comme intolérables les initiatives et le contrôle des juristes : ils les accusent de vouloir les

Les capitales des empires Aztèque et Inca étaient la lagune de Mexico-

réduire à la misère, en leur retirant les profits de la conquête. Il y a là en germe, dès le XVIe siècle, le processus de formation de l'esprit créole.

L'exploitation du Nouveau Monde : le monopole et la priorité accordée au sous-sol.

Les Indes sont rattachées à la seule Castille, ce qui exclut les étrangers, mais aussi les Aragonais et les Catalans. Le monopole de fait de Séville et de la basse Andalousie s'explique par des raisons géographiques (la proximité des alizés) et économiques : l'Andalousie fournit en abondance huile et vin ; elle est le débouché de la meseta castillane. La Casa de la Contratación, fondée en 1503, est chargée de faire respecter ce monopole. Ce n'est pas seulement une maison de commerce, destinée à fournir au Nouveau

Tenochtitlan, divisée en îlots reliés par des chaussées, et Cuzco (ci-dessus). Les deux territoires devinrent vite des vice-royautés : la Nouvelle Espagne (capitale : Mexico) dès 1535 ; pour l'autre, le Pérou (1543), on préféra installer la capitale dans une ville nouvelle, la Ciudad de los Reyes, c'est-à-dire Lima, fondée en 1535 près de la côte.

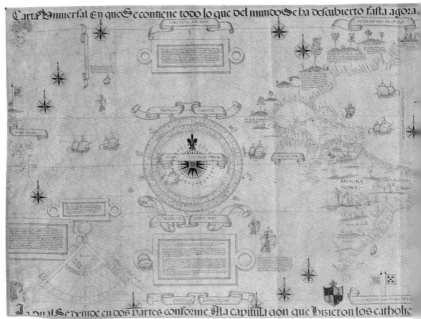

Monde les articles dont il a besoin et à entreposer les produits en provenance d'Amérique. C'est aussi un bureau de douane, un arsenal et un magasin militaire, un office d'émigration, une école de cartographie et de navigation, un dépôt de marchandises confisquées, un tribunal... Elle est la préfiguration de ce qu'on appellera au XVIIIe siècle le système de l'exclusif : les colonies sont faites par et pour la métropole.

Les accords de Santa Fe (1492) signés avec Christophe Colomb ne laissent aucun doute sur les buts des voyages de découverte : *rescate*, c'est-à-dire commerce ; on pense surtout aux épices, à l'or, à l'argent, aux perles, avec une arrière-pensée : la recherche du profit immédiat pour les découvreurs et pour la couronne puisque la part de celle-ci, le cinquième des gains, doit être réservée dans tous les cas. Après le pillage des bijoux et des trésors, après le viol des sépultures, est venu le temps de l'orpaillage, puis celui de la mine quand on eut découvert au

Cette carte fait le point des découvertes en 1529. malgré d'inévitables hésitations, les contours de l'Afrique, de l'Asie et du Nouveau Monde sont aisément reconnaissables. L'auteur, Diego Ribero, cosmographe officiel en poste à la Casa de la Contratación, a tenu à porter la ligne de démarcation entre territoires espagnols et portugais, telle qu'elle avait été fixée en 1493 par le pape Alexandre VI et rectifiée d'un commun accord au traité de Tordesillas (1494).

Ribero cosmographo de Su magestad: Año. de. 1 5 2 9. eScujlla:~

i.1-z elfev don Juan de roxoaual en Gozdesilla.c: Año: de. 1

Les conquistadors sont le plus souvent des jeunes gens sans fortune que la fin de la Reconquête a laissés sans emploi. Plus que la richesse – qu'ils ne négligent pourtant pas ! –, ce qui les attire outre-mer, c'est l'ambition de s'élever dans l'échelle sociale. De ce point de vue, ils seront presque toujours déçus : seuls, quelques-uns d'entre eux – Cortés par exemple, et le personnage ci-dessous – seront anoblis et vivront de leurs rentes.

Mexique (Zacatecas) et au Pérou (Potosí) des filons extrêmement riches en or et surtout en argent. La production américaine inonde alors l'Europe.

Malgré les frais de transport, ces métaux précieux reviennent meilleur marché que ceux qu'on extrait des mines d'Europe : les gisements sont abondants, donc exigent peu de frais techniques ; surtout, la main-d'œuvre est gratuite ou presque gratuite : le travail forcé des Indiens la fournit en quantité. L'importance des mines explique pourquoi les pays producteurs (Mexique et Pérou) occupent la première place dans l'empire et sont devenus rapidement des vice-

.SVR.

royautés ; les autres territoires restent au second plan jusqu'au XVIIIe siècle, époque à laquelle on s'apercevra des profits qu'on peut tirer de l'agriculture et de l'économie de plantation (tabac, sucre, cacao).

La métropole cherche dans les colonies des produits complémentaires qu'elle ne trouve pas sur son propre sol : or et argent, d'abord, produits tropicaux ensuite. C'est dans la logique de la colonisation espagnole (et, un peu plus tard, française) qui, à la différence de la colonisation anglaise, préfère l'exploitation au peuplement. Pouvait-il en être autrement ? Oui, en principe. On avait pensé, dans les années 1510, à envoyer aux Indes des paysans castillans pour y

La «riche colline» de Potosí culmine à 4 830 mètres dans l'actuelle Bolivie (ci-dessus). On y découvre, en 1542, des gisements d'argent d'une richesse prodigieuse ; dans les premières années, la production était d'une tonne par jour ! La ville de Potosí devient vite la plus importante du Nouveau Monde : 40 000 habitants en 1545, 150 000 en 1610.

Ce sont les mines – d'argent plus que d'or – qui ont rendu célèbres les colonies espagnoles d'Amérique. La technique est rudimentaire, ce qui explique le faible coût de production du minerai : on fait peu de frais pour la sécurité. La seule innovation fut, à partir de 1556, l'amalgame du minerai avec du mercure. Le minerai était broyé par des moulins et mélangé avec du mercure dans des enclos pavés ; on laissait le tout sécher au soleil ; tous les matins, des Indiens foulaient aux pieds cette pâte qu'on lavait ensuite pour enlever la terre ; le minerai se déposait au fond du bassin ; on filtrait pour éliminer le mercure et l'argent était porté à la Caisse royale qui en prélevait le cinquième. La main-d'œuvre, abondante et mal payée, a d'abord été fournie par le travail forcé – l'*encomienda* –; vers 1573, au Pérou, la *mita*, ancienne institution des Incas, la remplace : les Indiens sont désormais rémunérés, mais chaque village doit apporter tous les ans son contingent de travailleurs ; rares sont les Indiens qui survivent à un séjour de plusieurs mois à la mine.

développer une agriculture comparable à celle de l'Europe. C'est aussi le sens des premiers projets de Las Casas : cesser de faire reposer l'économie du Nouveau Monde sur l'exploitation de la main-d'œuvre indienne ; recruter des paysans espagnols qui s'installeraient en Amérique, y mettraient le sol en valeur et apprendraient aux Indiens les techniques européennes.

Cela aurait supposé que les Espagnols, renoncent à la priorité donnée au sous-sol, accordent plus d'importance à l'agriculture et surtout fondent, non plus des colonies d'exploitation, mais des colonies de peuplement.

Une réduction au Guatemala

Ce document, du XVIIᶜ siècle, illustre une pratique déjà recommandée et expérimentée par Las Casas dans les années 1540. Il dénonçait l'antinomie entre l'évangélisation et la colonisation; celle-ci faisait obstacle à celle-là. Pour y remédier, il convenait de séparer Indiens et Espagnols et d'interdire à ces derniers de pénétrer dans les territoires attribués aux premiers; seuls les missionnaires seraient autorisés à séjourner dans ces «réductions» afin d'amener les populations à une vie plus policée, au moyen de la persuasion et sans user de contraintes. C'est la technique de la chasse gardée (*coto cerrado*) que les jésuites mettront en application, à partir du XVIIᶜ siècle. Il est certain que les missionnaires ont défendu efficacement leurs Indiens contre les incursions des chasseurs d'esclaves et les convoitises des colons, avides de terres et de main-d'œuvre. N'ont-ils pas eu tendance, cependant, à abuser de leur autorité pour exercer à leur tour une tutelle paternaliste sur des populations dont ils réglementaient minutieusement les occupations, les loisirs, la vie familiale?

Gouverner, c'est peupler, disait Alberdi, mais c'était au XIXᵉ siècle et en Argentine, c'est-à-dire dans un pays sans ressources minières. Au XVIᵉ siècle, la couronne a hésité ; elle a bien vu les avantages et les inconvénients des deux systèmes ; finalement, elle a choisi de consacrer la situation de fait en se bornant à corriger quelques-uns des défauts du système.

La colonisation en procès

Dès 1511, des voix s'étaient élevées pour dénoncer les méthodes de colonisation des Espagnols et l'exploitation des Indiens. Les lois de Burgos (1512-1513) avaient cherché à limiter les abus en réglementant le travail forcé et en organisant la *encomienda*, figure juridique qui s'efforçait de concilier trois objectifs : respecter le statut de l'Indien, libre sujet du roi – en théorie, l'Indien n'est pas esclave – ; évangéliser – au XIXᵉ siècle, on dira : civiliser –, les colons étaient chargés de cette tâche ; tirer profit du pays grâce aux prestations en travail auxquelles étaient soumis les Indiens.

Ce faisant, on avait consacré en droit une situation de fait et légalisé le travail forcé. Les débats qui se déroulent sous le règne de Charles Quint ont une tout autre ampleur. On peut distinguer trois grands moments : les leçons de Francisco de Vitoria ; la protestation de Bartolomé de Las Casas ; la controverse de Valladolid de 1550-1551 enfin, qui démontre l'ouverture d'esprit de l'empereur.

Francisco de Vitoria

Professeur de théologie à l'université de Salamanque, Francisco de Vitoria prononce, en 1539, deux cours sur la colonisation. Le plan en est très simple : avant l'arrivée des Espagnols, les Indiens d'Amérique étaient maîtres chez eux ; on les a dépossédés ; comment justifier ce déni de justice ? Vitoria examine alors les titres qui lui paraissent illégitimes, puis ceux qui pourraient être susceptibles de fonder en droit la présence espagnole en Amérique.

Vitoria juge illégitimes les arguments tirés de l'autorité de l'empereur, de l'autorité du pape, des péchés contre nature (inceste, sodomie, etc.) commis par les Indiens. En revanche, il range parmi les titres légitimes le droit de société et de communication et surtout le souci de mettre un terme à des pratiques inhumaines telles que le cannibalisme ou les sacrifices humains ; il s'agit pour Vitoria de faire respecter un droit sacré de l'humanité : le droit à la vie. La souveraineté des États a des limites : elle n'autorise personne à tolérer ou à pratiquer sur son territoire une violation du droit naturel ; nous parlerions aujourd'hui de devoir

Scènes de la vie quotidienne dans un village indien d'Amérique. L'instruction religieuse était l'objectif assigné aux missionnaires. Les deux gravures, à gauche, sont tirées de la *Nueva Crónica* du métis hispano-inca Guaman Poma de Ayala, rédigée vers 1613 ; elles représentent un baptême et un sermon. Ci-dessous, un dessin tiré d'un codex : un Espagnol s'apprête à punir un Indien à coups de fouet tandis que deux autres attendent leur tour, mains liées :

d'ingérence pour protéger le droit des minorités ou prévenir un génocide.

Les leçons de Vitoria font table rase des principes théocratiques sur le pouvoir des papes ; elles réduisent à néant les prétentions de l'empereur à se constituer en autorité supérieure aux diverses souverainetés nationales ; elles établissent l'autonomie et la souveraineté des nations. Pour Vitoria, les souverainetés nationales sont inviolables ; cela aurait dû le conduire à condamner toute forme de colonisation. Ses disciples en tireront la conclusion logique : ils refuseront l'idée de tutelle qui est le fondement de toute colonisation. Charles Quint ne s'y est pas trompé. Le 10 novembre 1539, il s'indigne auprès de l'université de

Devant les Indiens d'Amérique, les Espagnols se sont divisés. Les colons voyaient en eux des spécimens d'une humanité primitive et une main-d'œuvre à exploiter. Les théologiens – comme Vitoria (à gauche, en bas) – contestaient l'idée même de colonisation. Les missionnaires crurent voir dans les Indiens une population particulièrement réceptive à l'Evangile, dépourvue de malice et de vices, susceptible de devenir le point de départ d'une chrétienté régénérée. Ils apprirent les langues indigènes et tirèrent parti du goût des Indiens pour la musique, la danse et les fêtes afin de mieux leur inculquer les principes du catholicisme. Dans un second temps, cependant, devant la persistance des cultes amérindiens, la lutte contre les superstitions et l'extirpation du paganisme prirent le pas sur la catéchèse. Las Casas (ci-dessus) se refusait à classer les civilisations en supérieures et inférieures ; pour lui, le paganisme représentait un stade de l'évolution des sociétés et n'était pas un obstacle à l'instauration d'une authentique chrétienté en Amérique.

Salamanque que des professeurs puissent aborder dans leurs cours des questions qui portent atteinte aux intérêts de l'Etat ; il exige qu'on saisisse le texte et les notes prises par les étudiants et il interdit à quiconque de s'exprimer désormais sur ces questions. L'université refuse de s'incliner et Charles Quint, passé le premier mouvement de mauvaise humeur, ne paraît pas lui en tenir rigueur. Bien au contraire, c'est alors qu'il va ordonner une révision radicale de la législation coloniale, à la suite de la campagne entreprise par un autre dominicain, Las Casas.

Bartolomé de Las Casas

Las Casas, d'abord colon aux Antilles, a pris conscience en 1514 du problème que posait la colonisation : le système lui paraît non seulement condamnable, mais encore économiquement absurde puisqu'il aboutit au dépeuplement des Indes. Il commence alors une bataille qu'il poursuivra jusqu'à sa mort pour abolir l'*encomienda* et pour tirer toutes les conséquences du principe selon lequel les Indiens sont de libres sujets du roi. Ses efforts aboutissent en 1542.

Les Lois nouvelles pour les Indes proclament solennellement l'interdiction de réduire les Indiens en esclavage ; surtout, elles prononcent à terme la fin des *encomiendas* : on n'en concédera plus de nouvelles et celles qui existent disparaîtront à la mort de leurs bénéficiaires actuels. La mesure provoque la révolte armée des colons ; au Pérou, le vice-roi est assassiné. La cour est ébranlée ; la solidarité des hauts fonctionnaires, des colons et de la plupart des membres du clergé oblige Charles Quint, en 1545, à revenir sur ses positions : il autorise de nouveau les *encomiendas*, parce qu'il semble convaincu que renoncer au travail forcé reviendrait à renoncer à toute l'entreprise de colonisation. Le débat, cependant, n'est pas clos. Jusqu'alors, la colonisation n'avait pas trouvé de caution intellectuelle ; dans l'ensemble, les théologiens et les penseurs étaient plutôt hostiles ou réservés.

Sepúlveda

Les discussions autour des Lois nouvelles décident un des plus grands esprits du temps à intervenir à son tour. Face à Vitoria, à Las Casas et à leurs amis, Juan Ginés de Sepúlveda, chroniqueur officiel et humaniste de talent, se fait l'avocat de la colonisation. L'argumentation de Sepúlveda tient en quelques mots : lorsque des peuples sont manifestement inférieurs à d'autres, on a le droit et même le devoir de les mettre sous tutelle. C'est la reprise de la thèse d'Aristote : certains êtres

ESCR

Juan Ginés de Sepúlveda (1490 ?-1573), humaniste formé en Italie (ci-dessous), est l'un des très rares intellectuels espagnols du XVIe siècle à avoir légitimé la tutelle des peuples supérieurs sur les inférieurs. Il vit se dresser contre lui les théologiens et les universitaires, hostiles à une reprise mécanique des thèses d'Aristote sur la servitude. Las Casas obtint que ses livres fussent interdits en Espagne ; Sepúlveda dut les faire imprimer en Italie.

ANO DECABIL

Installé à sa table de travail, un fonctionnaire espagnol fait ses comptes. Un Indien lui remet quelque chose qui pourrait être une pierre précieuse semblable à celles qui sont déjà entassées devant l'Espagnol. Les Indiens étaient astreints à des prestations en travail pour le compte des colons (*encomenderos*) et à un tribut spécial destiné à l'Etat.

sont faits pour les tâches d'exécution ; d'autres pour commander. Appliquée à la colonisation, cette thèse devient la suivante : dans leur propre intérêt, les peuples inférieurs doivent se soumettre aux peuples supérieurs ; c'est le seul moyen pour eux d'accéder à une vie plus humaine, à des mœurs plus douces, à une morale plus élevée. C'est la première expression historique de la mission civilisatrice de l'Europe qu'on verra resurgir au XIXᵉ siècle en France et en Angleterre. La différence, c'est que, dans l'Espagne du XVIᵉ siècle, cette thèse est vigoureusement combattue et même réduite au silence. Sepúlveda, en effet, a repris tous ces arguments dans un livre dont des versions manuscrites circulent en 1547. Las Casas fait campagne contre une éventuelle publication et il a gain de cause : les universités d'Alcala et de Salamanque jugent le livre de Sepúlveda contraire à la doctrine chrétienne

et exigent qu'il ne soit pas imprimé. Vexé, Sepúlveda rédige un autre livre dans le même sens qu'il fait imprimer à Rome, en mai 1550. Las Casas obtient la saisie de tous les exemplaires en Espagne.

La controverse de Valladolid

La tournure prise par le débat oblige les pouvoirs publics à réagir. Le 15 avril 1550, Charles Quint ordonne de suspendre toutes les opérations de conquête et demande qu'une commission soit saisie du dossier. Cette commission, composée des membres du Conseil des Indes et de quatre théologiens, se réunit en 1550. Ce qui était en débat à Valladolid, c'est la colonisation sous sa forme moderne. Le problème présente deux aspects : une question de fait : les Indiens d'Amérique sont-ils des barbares qu'il conviendrait de civiliser – à l'époque on disait : évangéliser – pour les amener à un stade de

Le cannibalisme est l'une des pratiques qui choquaient le plus les Espagnols, colons ou missionnaires. Le graveur Théodore de Bry (1528-1598) a illustré plusieurs passages des écrits de Las Casas traduits en latin, en néerlandais ou en allemand à la fin du XVIᵉ siècle (ci-dessus). Ce qui a également contribué à propager en Europe la légende noire anti-hispanique qui insistait sur les massacres et les cruautés perpétrées par les Espagnols en Amérique.

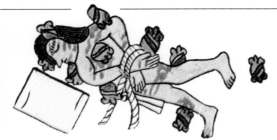

Peuple élu de Huitzilopochtli, dieu du soleil, les Aztèques se croyaient tenus d'en assurer la marche. Pour activer les astres, il fallait leur fournir une nourriture : du sang, d'où l'importance des sacrifices humains. La «guerre fleurie» qu'on menait contre les tribus voisines permettait de se procurer des captifs qu'on sacrifiait

développement supérieur ? Une question de droit : un peuple qui se croit supérieur a-t-il le droit d'imposer une tutelle, même provisoire, à un peuple qu'il juge inférieur ? Question subsidiaire : qui décidera de la supériorité ou de l'infériorité des peuples ? Voilà les questions posées à Valladolid. Tour à tour, Sepúlveda et Las Casas sont invités à défendre leur point de vue. Le premier justifie la colonisation par quatre arguments : l'idolâtrie et les péchés contre nature des Indiens – le devoir des chrétiens est d'y mettre fin – ; l'infériorité des Indiens – incapables de se gouverner eux-mêmes, ils doivent être mis sous tutelle ; leur pratique des sacrifices humains et du cannibalisme ; enfin la nécessaire conversion des Indiens rend indispensable leur soumission préalable.

A ces arguments, Las Casas réplique par un long et violent réquisitoire qui reprend, point par point, les thèses de son adversaire et les réfute à grand renfort de citations de l'Ecriture, des Pères de l'Eglise et des théologiens, et aussi avec des observations sur le niveau de développement des Indiens d'Amérique. La conférence s'est séparée sans prendre position. On comprend son embarras. Comment trancher dans un débat aussi complexe ? Il n'en reste pas moins que Charles Quint a eu le courage et le mérite de demander leur avis aux intellectuels de son temps, même s'il savait que cet avis risquait d'être défavorable à la politique coloniale de l'Espagne.

aux dieux : un prêtre leur arrachait le cœur avec un couteau d'obsidienne, en haut des temples pyramidaux. Les Espagnols furent partagés entre deux sentiments. D'une part, ils éprouvèrent admiration et émerveillement devant une civilisation brillante – Cortés disait de Mexico qu'elle était la plus belle ville du monde – ; d'autre part, ils ne pouvaient qu'être saisis d'effroi devant les sacrifices humains.

Maître d'une partie de l'Europe, Charles Quint suscite bien des inquiétudes. La France – encerclée de toute parts –, la papauté, Venise, d'autres nations encore redoutent cette concentration de pouvoirs. C'est ce qu'on appelle aujourd'hui l'impérialisme; on disait, au XVIe siècle : la monarchie universelle.

CHAPITRE IV

VERS LA MONARCHIE UNIVERSELLE ?

Vêtu d'une simple houppelande noire bordée de fourrure, Charles Quint – par son peintre attitré : Titien – semble exprimer une grande lassitude et de la mélancolie. En 1529, à Barcelone, avant de s'embarquer pour l'Italie, il s'était fait couper les cheveux, contrairement à la mode espagnole.

Le chevalier parfait d'Olivier de La Marche était animé par le goût de la prouesse individuelle et le zèle de la religion. C'est au premier de ces traits qu'il faut attribuer les vertus militaires de Charles Quint, vertus qui feront défaut à Philippe II, roi bureaucrate, mais qu'on retrouvera chez son fils naturel don Juan d'Autriche. L'empereur aimait prendre en personne le commandement de ses armées ; il débarque à Tunis, en 1535, puis à Alger, en 1541 ; en le représentant en général victorieux à la bataille de Mühlberg (1547), Titien a peint un portrait hautement symbolique de sa personnalité. La guerre, au XVIe siècle, est devenue un métier qui laisse peu de place au courage personnel. C'est désormais l'affaire de mercenaires avides de butin qui commettent sur les populations civiles des exactions sans nombre et sans nom. Charles Quint le savait et le regrettait. A deux reprises, il a provoqué François Ier en duel selon les règles de la chevalerie : pourquoi faire s'entre-tuer des sujets qui n'ont rien à voir avec les différends des souverains ? ne serait-il pas plus juste et plus beau de régler ces querelles d'homme à homme, en champ clos ? François Ier,

A la différence de son fils Philippe II, Charles Quint prenait volontiers le commandement de ses armées en campagne et faisait preuve d'un grand courage. On cite souvent son attitude à Ingolstadt, devant les protestants en août 1546 : on le vit se lever, s'armer, monter à cheval, rejoindre ses hommes, aller et venir sur le front, visiter les postes avancés, encourager les soldats : ils ne devaient pas avoir peur de l'artillerie ; elle fait plus de bruit que de mal. Malgré les remontrances de son entourage qui faisait observer qu'on avait besoin d'un empereur plein de sagesse et moins brave, Charles Quint resta constamment en première ligne : on n'avait jamais vu – disait-il – de roi ou d'empereur tué par un coup de canon ; peut-être serait-il le premier, mais ce serait alors un signe du destin et nul n'y pouvait rien. A gauche, un heaume de l'empereur, en bas à droite, l'armure de son cheval de bataille ; tous deux conservés à Madrid.

prisonnier à Madrid après sa défaite à Pavie (1525), avait promis tout ce qu'on lui demandait en échange de sa liberté, y compris de rendre la Bourgogne ; mais une fois retourné dans son royaume, il refusa de tenir des engagements pris sous la contrainte. Charles Quint, alors, lui lança un défi : «plaise à Dieu que cette querelle puisse se régler entre nous ! Dieu manifesterait sa justice». Dix ans plus tard, à Rome (1536), au retour de son expédition de Tunis, Charles Quint fit état de lettres saisies aux Barbaresques qui prouvaient la collusion du roi de France et des Turcs ; il accusa François Ier de trahir la Chrétienté et,

L e portrait le plus célèbre de Charles Quint (ci-dessus), peint par Titien, le montre dans toute sa gloire, lors de la bataille de Mühlberg (1548).

en présence du pape Paul III et de l'ambassadeur de France, proposa à nouveau un duel, à l'épée ou au poignard, en terrain neutre, dans une île ou devant les armées assemblées. Dans les deux cas, François Ier se garda de relever le gant ; l'heure de la chevalerie avait passé. C'est cet idéal qui guide la politique de Charles Quint et qu'on voit à l'œuvre dans ses rapports avec les grandes puissances du moment.

Le Saint Empire

C'est sous le titre de Charles Quint, empereur, plus que par celui de Charles Ier, roi d'Espagne, que le petit-fils des Rois Catholiques est connu dans l'histoire. Il tenait à cette dignité et, pour l'obtenir, il a payé le prix fort : 850 000 florins versés aux sept électeurs réunis en 1519, somme énorme dont le banquier d'Augsbourg, Jacob Fugger, a avancé la plus grande partie. Pourtant, selon Lucien Febvre, cet aspect n'aurait pas été déterminant ; face aux candidatures des rois de France et d'Angleterre, c'est une vague de nationalisme germanique qui aurait décidé en fin de compte les électeurs : ils auraient choisi avant tout un Habsbourg. Voilà bien le paradoxe : le prince le plus européen de son temps, dont les desseins devaient se briser devant la montée

Jacob Fugger le Riche (1459-1525), d'Augsbourg (ci-dessous par Dürer ; à droite dans son bureau en 1516), était le plus puissant banquier de son temps, c'est lui qui garantit aux électeurs du Saint Empire, en 1519, le paiement des sommes promises par le roi de Castille. Il le

des nationalismes, porté au pouvoir suprême parce qu'on voyait en lui, qui l'était si peu, un Allemand.

Qu'est-ce que le Saint Empire romain germanique au moment où Charles Quint en prend la tête ? Peu de choses ; c'est une fiction, une notion vidée depuis longtemps de tout contenu, un souvenir de l'époque où le pape et l'empereur, «ces deux moitiés de Dieu» (Victor Hugo), croyaient pouvoir se partager les rôles dans le monde chrétien : à l'un, l'autorité spirituelle ; à l'autre, héritier de Charlemagne, donc de l'empire romain, la prééminence sur les autres souverains.

rappellera à Charles Quint, quelques années plus tard : «Il est de notoriété publique et clair comme le jour que Votre Majesté Impériale n'aurait pas pu sans moi obtenir la couronne romaine.» Jacob et son neveu Anton Fugger seront les fidèles banquiers de l'empereur.

Cette fiction, Charles Quint la prend au sérieux ; il veut lui redonner vie, convaincre l'Europe de la nécessité de s'unir si elle veut survivre face aux deux dangers qui la menacent, l'un extérieur : l'avance des Turcs, l'autre intérieur : le schisme de Luther. L'empire, tel que le conçoit Charles Quint, aurait donc essentiellement vocation à représenter les intérêts supérieurs de la Chrétienté et à coordonner, sous l'autorité morale de son titulaire, l'action des souverains nationaux pour leur éviter de s'engager dans des querelles fratricides.

Une vision européenne?

Dans les années 1930, des historiens allemands (Peter Rassow, Karl Brandi) ont tenté d'accréditer la thèse d'un Charles Quint aspirant à dominer l'Europe ; ils insistaient sur le rôle du grand chancelier Gattinara, un Gibelin attardé qui, pénétré des idées de Dante, rêvait de refaire la grandeur du monde grâce à un empire puissant et ils citaient volontiers cette phrase de Gattinara : «Sire, puisque Dieu vous a conféré cette

Héritage castillan

Héritage aragonais

Héritage bourguignon

États héréditaires des Habsbourgs

Royaumes de Bohême et de Hongrie acquis en 1526

Annexions de Charles Quint

Limites théoriques du Saint Empire

Oran Possessions africaines

La Corogne

PORTUGAL

Vallad

Lisbonne

CASTI

Se

Gr

Ceuta

P
d

grâce immense de vous élever par-dessus tous les rois et princes de la Chrétienté à une puissance que jusqu'ici n'a possédée que votre prédécesseur Charlemagne, vous êtes sur la voie de la monarchie universelle, vous allez réunir la Chrétienté sous une seule houlette.» Menéndez Pidal, au contraire, s'est efforcé de montrer ce que Charles Quint devait à des influences espagnoles, en particulier à Ferdinand le Catholique dont il résume la pensée par la formule : «Paix entre chrétiens et guerre aux infidèles.» Les historiens d'aujourd'hui seraient plutôt enclins à admettre que la dignité impériale donnait à Charles Quint une autorité morale et que son objectif était d'assurer la cohésion de la Chrétienté. Cette conception se heurtait cependant à des réticences nombreuses et justifiées : d'abord, Charles Quint a souvent confondu, de bonne foi sans doute, les intérêts de sa dynastie et ceux de l'empire – on l'a vu à propos de la Bourgogne –; surtout, la puissance qu'il avait accumulée grâce à divers héritages constituait à elle seule une menace,

On distingue sur cette carte les États patrimoniaux de Charles Quint et les territoires sur lesquels il exerce une juridiction supérieure à titre d'empereur : c'est le cas, en particulier,

pour la France, en particulier, encerclée de toutes parts. On comprend que cette puissance ait été jugée excessive et que ce qui fut baptisé monarchie universelle s'appellerait aujourd'hui volonté de puissance ou impérialisme. Les craintes ainsi suscitées expliquent pour une large part l'opposition que Charles Quint a rencontrée sur les deux points de la plus importante partie de l'Allemagne. On remarquera aussi les implantations en Afrique du Nord, de Melilla à Tunis. A ces possessions en Europe, il convient d'ajouter les territoires d'Amérique.

qui lui tenaient le plus à cœur : la croisade contre les Turcs et l'unité idéologique de l'Europe.

Les Flandres dans l'Empire

La cohésion du territoire est renforcée par la mise en place d'institutions nouvelles : le Conseil d'Etat, où siègent des représentants de la noblesse, le Conseil secret, le Conseil des Finances ; mais la Frise et la Gueldre ont du mal à s'intégrer au reste du pays. A Gand, la résistance tourne à l'émeute. Cette ville drapière se plaint des impôts trop lourds qui accroissent les charges des manufacturiers et des artisans. Elle se révolte en 1538. Charles Quint, qui vient de signer la paix avec la France, arrive à Gand, en février 1540, suivi d'une armée de cinq mille lansquenets.

Il rétablit brutalement la situation et supprime tous les privilèges de la ville. C'est le premier signe d'un malaise diffus qui, compliqué par les progrès de la Réforme religieuse, débouchera, trente ans après, sur la révolte des Gueux et, au XVIIe siècle, sur l'indépendance des provinces septentrionales. On n'en est pas là sous le règne de Charles Quint. Les Flandres voient en lui un enfant du pays, leur «seigneur naturel»; elles le respectent et l'admirent. Rien de plus significatif, de ce point de vue, que l'affection que porte l'empereur au jeune comte de Nassau, Guillaume, prince d'Orange (1533-1584), élevé à la cour de Marie de Hongrie, chevalier de la Toison d'or. Quand Charles Quint, épuisé, décide d'abdiquer, en 1556, c'est en s'appuyant au bras de Guillaume d'Orange qu'il fait son entrée dans la cathédrale de Bruxelles. Qui aurait pensé alors que ce

Sœur de Charles Quint, veuve du roi Louis II de Hongrie, Marie (1505-1558) fut désignée en 1531 pour gouverner les Pays-Bas. Parlant couramment le flamand, elle eut à cœur de défendre les intérêts de ces provinces tout en restant loyale à l'empereur, mais elle ne put empêcher les bourgeois de Gand de se soulever, en 1539.

jeune homme de vingt-trois ans allait devenir, vingt ans plus tard, le plus irréductible des adversaires de Philippe II, le fils et l'héritier de l'empereur ?

Les réticences espagnoles

Jamais l'Espagne n'acceptera vraiment de suivre Charles Quint dans ses grands desseins ; elle lui fournira les crédits et les hommes nécessaires, mais à contre-cœur. Ni la croisade contre les Turcs ni la lutte contre le protestantisme ne susciteront l'enthousiasme des Espagnols en dehors de quelques milieux restreints d'intellectuels – les disciples espagnols d'Érasme,

Charles Quint s'arrête à Valenciennes, le 21 janvier 1540 (ci-dessous). Partout où passait l'empereur, on organisait des fêtes.

notamment. Au fond, même les plus fidèles serviteurs de Charles Quint – à commencer par son épouse – considèrent, comme les *comuneros*, que l'Espagne n'a rien à gagner à lier son sort à l'Empire ; ils n'osent pas le dire ouvertement, mais leur attitude est on ne peut plus claire et l'empereur le sait ; il en fait l'aveu à son frère Ferdinand dans une lettre datée de Bologne, le 11 janvier 1530 : « En Espaigne ilz aborissent tout ce que j'ay despendu de ce reaulme

La maison de Bourgogne se distinguait par la splendeur de sa cour la magnificence des fêtes qu'on y donnai Toutes les occasions étaient bonnes pour organiser des défilés des tournois et pour banqueter

'Espagne] pour ceste Italie.» Le Conseil d'Etat a beau recommander, en 1526, des sermons pour attirer attention sur les dangers que court la Chrétienté et viter les fidèles à apporter leurs oboles à cette ause, le cœur n'y est pas. En 1527, les Cortès efusent de financer une expédition militaire pour carter la menace turque en Hongrie; en 1532, elles ont explicites : «La guerre contre les Turcs ne oncerne pas l'Espagne».

interminablement. Ci-dessus, une fête donnée en l'honneur de Charles Quint et Philippe II en 1549, à Binche, petite ville près de Mons, qui faisait partie de la dot des filles aînées des comtes de Hainaut.

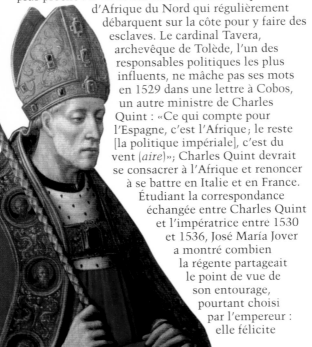

C'est que, pour les Espagnols, le danger est beaucoup plus proche : il vient des corsaires barbaresques d'Afrique du Nord qui régulièrement débarquent sur la côte pour y faire des esclaves. Le cardinal Tavera, archevêque de Tolède, l'un des responsables politiques les plus influents, ne mâche pas ses mots en 1529 dans une lettre à Cobos, un autre ministre de Charles Quint : «Ce qui compte pour l'Espagne, c'est l'Afrique ; le reste [la politique impériale], c'est du vent (aire)»; Charles Quint devrait se consacrer à l'Afrique et renoncer à se battre en Italie et en France. Étudiant la correspondance échangée entre Charles Quint et l'impératrice entre 1530 et 1536, José María Jover a montré combien la régente partageait le point de vue de son entourage, pourtant choisi par l'empereur : elle félicite

Juan Tavera (1472-1545) illustre bien l'étroite collaboration entre le pouvoir royal et le haut clergé depuis l'époque des Rois Catholiques. Après avoir été évêque de Ciudad Rodrigo et d'Osma, archevêque de Saint-Jacques-de-Compostelle, Tavera, cardinal depuis 1531, est nommé en 1534 archevêque de Tolède et inquisiteur général en 1539. Pendant l'absence de Charles Quint, il est l'un des principaux conseillers de la régente, l'impératrice Isabelle. Ci-contre son portrait ci-dessus, une autre puissance en Espagne, le *brazo militar* des Cortés.

E trange destin que celui des deux frères : Charles et Ferdinand (ci-contre). Comme il était né et avait été élevé en Espagne, son grand-père maternel, le roi d'Aragon, aurait voulu qu'il lui succédât. Au lieu de cela, Ferdinand quittera la péninsule en 1518 pour n'y plus revenir ; il deviendra à son tour empereur après l'abdication de son frère Charles, lequel, né et élevé en Flandre, choisira de mourir en Espagne.

Charles Quint pour son succès à Tunis en 1535, mais elle ajoute aussitôt que cette victoire profite surtout à l'Italie ; l'Espagne aurait préféré qu'on attaquât Alger, menace bien plus précise pour elle. C'est une façon de reprocher à Charles Quint de mener une politique peu conforme aux intérêts de l'Espagne. L'année suivante, l'impératrice Isabelle presse son mari de faire la paix avec la France et de ne plus s'occuper que de l'Espagne.

Peut-on parler d'un divorce entre le roi d'Espagne et ses sujets ? Pas exactement : les Espagnols finiront, sinon par partager son idéal, du moins par admirer sa hauteur de vues. On sent un rapprochement dans les

dernières années du règne : Charles Quint s'hispanise et les Espagnols éprouvent malgré tout de la fierté à être gouvernés par un homme supérieur. La grandeur impériale, pourtant, leur aura coûté cher : l'Espagne s'est épuisée à financer une politique qu'elle n'a jamais reconnue comme sienne. En 1520, les *comuneros* avaient bien compris qu'avec l'Empire l'Espagne allait perdre son autonomie et une partie de ses richesses. Leur défaite rendait ce destin inéluctable.

En 1529, puis en 1532, Vienne est assiégée par les Turcs (ci-dessus). Leur puissance militaire reposait sur trois éléments : des troupes d'élite – les janissaires –, une artillerie redoutable et une flotte de galère, dont les rameurs étaient souvent des esclaves chrétiens.

Charles Quint face à Soliman le Magnifique

Depuis le XIIe siècle, la Méditerranée «était un lac chrétien» (Fernand Braudel). Tout change au milieu du XVe siècle. L'Empire ottoman, né deux cents ans auparavant, devient, après la prise de Constantinople (1453), une puissance qui, sous le règne de Soliman

VITAN SOLIMAN HAN EMPERADOR DE TVRCOS

Depuis la prise de Constantinople, en 1453, l'Empire ottoman ne cesse de menacer le monde chrétien. C'est sous le règne de Soliman le Magnifique (1520-1566) – ci-contre – que les progrès sont les plus spectaculaires : le bassin oriental de la Méditerranée passe sous l'hégémonie turque; mais il y a plus grave : les Balkans et toute l'Europe centrale sont directement menacés; Belgrade tombe en 1521 et les Turcs s'emparent des plaines de Hongrie; le roi Louis II de Hongrie, époux de la sœur de Charles, Marie, périt en 1526 sur le champ de bataille de Mohács.

e Magnifique (1520-1566), représente une menace
edoutable pour l'Europe. Belgrade est occupée
n 1521, une grande partie de la Hongrie en 1526;
ienne est assiégée en 1529. Alliés aux corsaires
arbaresques d'Afrique du Nord, commandés par le
élèbre Barberousse, les Turcs sont maîtres de presque
oute la Méditerranée; ils ont pris Rhodes en 1521;
s s'emparent d'Alger en 1529. Ce danger, les nations
hrétiennes le ressentent plus ou moins selon leur
ituation géographique, mais toutes sont d'accord en
rincipe pour dresser un barrage contre un ennemi
ui risque d'anéantir une vieille civilisation, héritière
e l'Antiquité gréco-romaine et du judéo-
hristianisme. Il revient à l'empereur, en vertu
e ses responsabilités supranationales, de coordonner
action des Etats chrétiens. Charles Quint en est
onscient, comme l'était François Iᵉʳ, son rival lors

de l'élection impériale de 1519. Celui-ci n'avait-il pas affirmé qu'appuyé sur les ressources de la France il aurait les moyens de remplir sa mission et de refouler les Turcs ? C'était avant l'élection ; en réalité, il s'agissait surtout d'empêcher une victoire qui aurait conféré au roi d'Espagne une puissance jugée excessive.

Depuis 1519, les territoires de Charles Quint enserrent la France de tous côtés. De plus, l'empereur

François Ier (ci-contre) a été le grand adversaire de Charles Quint. Les deux souverains se disputaient la Bourgogne et l'Italie. En septembre 1524, le roi de France avait repris le Milanais, mais, le 24 février 152

revendique la Bourgogne et s'oppose aux visées de la France en Italie. Il n'est donc pas surprenant de voir les relations franco-espagnoles se gâter et dégénérer en guerre ouverte, d'abord en Navarre, envahie par la France en 1521, et surtout en Italie. François Ier, battu à Pavie (1525), est fait prisonnier et conduit en captivité à Madrid. Pour se tirer de ce mauvais pas, le roi de France promet tout ce qu'exige Charles Quint, mais il est bien décidé à renier ses engagements dès qu'il sera en liberté. En même temps, sa mère, Louise de Savoie, régente de France, prend contact

– le jour anniversaire de la naissance de Charles Quint !– il se faisait battre à Pavie tombait lui-même aux mains de l'ennemi (ci dessus). On le libéra 17 mars 1526, contre promesse de rendre la Bourgogne à l'emper (traité de Madrid).

avec Soliman; elle l'engage à entreprendre une expédition en Europe centrale pour amoindrir le pouvoir de l'empereur, qui est en passe de devenir le maître du monde. Soliman attaque en Hongrie, remporte la victoire de Mohács (1526) et établit la suprématie turque sur les Balkans. La paix entre la France et l'Espagne est signée en 1529. Il en coûte à François Iᵉʳ une rançon énorme – plus d'un million d'écus d'or.

A peine revenu en France, François Iᵉʳ refusera d'appliquer les clauses du traité de Madrid, signées sous la contrainte. Il avait dû laisser ses enfants en otages. Ceux-ci ne lui furent rendus qu'après la paix des Dames (1529) et contre une

La France alliée aux Turcs

En août 1534, Barberousse, d'accord avec Soliman, s'empare de Tunis dont le roi était vassal de l'Espagne. Charles Quint réplique en montant, l'année suivante, une expédition pour l'en déloger; il débarque à La Goulette, marche sur Tunis où il fait son entrée le 21 juillet, libère vingt mille captifs et installe dans la place un souverain ami. François Iᵉʳ s'inquiète; il presse Soliman d'attaquer Gênes, alliée de Charles Quint; il s'agit, pour les flottes réunies de

énorme rançon : 1 200 000 écus d'or transportés dans une barque qui, sur la Bidasoa, croise celle qui ramenait les princes français. On mit quatre mois à compter les écus et l'Espagne en exigea 40 000 mille de plus sous prétexte que certaines pièces étaient irrégulières.

Turquie et de France, de couper la liaison Barcelone-
Gênes, vitale pour l'empereur. C'est d'alors que
datent les rapports officiels entre la France et la
Turquie, rapports qui aboutissent en 1536 à un traité
d'alliance. Les armées et les flottes du sultan
exécutent, en liaison avec celles de la France, des
opérations combinées en Méditerranée ; la flotte
turque hiverne à Toulon ;
une escadre française

nouille dans le Bosphore. Tout le monde en France est loin d'être d'accord avec cette alliance «contre nature» entre une nation chrétienne et les infidèles ; c'est le signe que quelque chose est en train de disparaître : la croisade ne fait plus recette ; elle apparaît comme un idéal d'un autre âge. Les nationalismes modernes ont d'autres ambitions et, pour s'opposer à ce qu'ils considèrent comme des visées impérialistes, les chefs d'Etat n'hésitent plus à conclure des alliances, même avec les ennemis de la Chrétienté. La France n'est pas seule à pratiquer cette politique. Venise aussi, entre deux guerres, fait commerce avec les Turcs et entretient avec eux ce qu'on pourrait

Afin de reprendre Tunis à Barberousse, Charles Quint dut lever une armée. L'escadre rassemblée à Barcelone – on voit ci-dessous l'empereur surveillant un bureau de recrutement –, puis à Cagliari, comprenait soixante-quatorze galères et trois cents bateaux de transport.

En 1534, le corsaire barbaresque Barberousse, allié de Soliman qui l'avait nommé grand amiral, s'était emparé de Tunis dont le roi entretenait de bons rapports avec Charles Quint. Inquiet devant la perspective de voir ce port devenir une base turque, l'empereur monte, pour le déloger, une grande expédition couronnée de succès (juillet 1535), au prix de durs combats : il fallut quinze jours pour prendre La Goulette, défendue par quatre-vingt-deux galères, et une semaine de plus pour occuper Tunis. Les Espagnols rendirent la liberté à près de vingt mille chrétiens qui avaient été réduits en esclavage. La ville sera reprise par les Turcs le 13 septembre 1574 ; on rendit responsables de cette défaite don Juan d'Autriche et le cardinal Granvelle qui, à l'époque, étaient tous deux en Sicile, occupés, l'un à jouer à la paume, l'autre à courtiser les dames ; d'où le mot qu'on répétait malicieusement à Madrid : «Don Juan par sa raquette et Granvelle par sa braguette ont perdu La Goulette.»

appeler des relations culturelles. Les humanistes ne sont pas plus enthousiastes. «A ceux qui parlaient encore de croisade, Érasme répondait : Jésus nous a demandé de combattre nos vices, non les Turcs».(J. Delumeau). Vivès ne dit pas autre chose : nous devons aimer les Turcs, non leur faire la guerre. Charles Quint ne peut compter que sur ses propres forces, et encore : même l'Espagne est réticente. Pour se lancer à fond contre Soliman – c'est la Sainte Ligue, conclue en 1538 entre l'empereur, la papauté et Venise –, il aurait besoin au moins de la neutralité de la France. Il ne l'obtient pas. En 1541, Charles Quint échoue dans sa tentative

Grâce aux bons offices du pape, une trêve de dix ans (en principe...) fut conclue à Nice, en juin 1538, entre François Iᵉʳ et Charles Quint ; les deux souverains se rencontrent à Aigues-Mortes, le 14 juillet (ci-contre). C'est ce qui permet à Charles Quint de traverser la France, l'année suivante : il est magnifiquement reçu à Paris, le 1ᵉʳ janvier 1540 (à gauche); les rues étaient pleines de monde et les dames se pressaient aux fenêtres pour voir passer l'ennemi de la veille.

de débarquer à Alger. Il se résigne alors à signer une trêve avec Barberousse et même avec les Turcs (1546). Le rêve de la croisade s'éloigne définitivement. L'empereur a maintenant d'autres soucis : la réconciliation religieuse de l'Europe.

Le pape et l'empereur

La dignité impériale, telle que la conçoit Charles Quint, a des implications religieuses. La Chrétienté médiévale avait tenté, à différentes époques, d'organiser une sorte de partage des responsabilités : au pape, l'autorité spirituelle ; à l'empereur, la coordination politique. C'est ce que le pape rappelle aux électeurs du Saint Empire en 1519 : le rôle de l'empereur est de favoriser la foi, de maintenir la paix entre les peuples chrétiens et de mener le combat contre les impies. Or, l'élection de Charles Quint suit de près les premières manifestations de Luther contre l'Eglise de Rome, accusée de trahir sa mission. L'Europe chrétienne et plus particulièrement l'Allemagne sont menacées par les divisions religieuses ; c'est tout à la fois la discipline et le dogme qui sont mis en cause par Luther et ses adeptes. Charles Quint ne peut se désintéresser de ce problème qui le concerne doublement, en raison de

La rivalité entre les puissances ne disparaît pas avec la trêve de Nice. Depuis 1536, la France avait conclu un accord avec les Turcs, dont l'escadre mouillait à Toulon. L'un des plus redoutables alliés des Ottomans était le corsaire Barberousse (en bas, à gauche) qui, en 1529, s'était emparé d'Alger. De là, il semait la terreur en Méditerranée, attaquant les bateaux, raflant sur les côtes d'Espagne des prisonniers qu'il vendait ensuite comme esclaves en Afrique du Nord.

Après le douloureux épisode du sac de Rome par l'armée impériale (1527), Charles Quint et Clément VII (pape de 1523 à 1534) se réconcilient. La rencontre (ci-contre) a lieu à Bologne, fin novembre 1529 ; les deux souverains poursuivent leurs entretiens pendant quatre mois.

ses responsabilités impériales et parce que le schisme se développe surtout en territoire allemand. Dès le début (Diète de Worms, 1521), Charles Quint a défini sa politique : il désapprouve Luther, à qui il reproche de bafouer la tradition séculaire de l'Eglise, mais il répugne à réduire le schisme par la force des armes ; il préférerait qu'une discussion amenât les deux parties en présence à se mettre d'accord. En d'autres termes, c'est d'un concile universel qu'il attend la solution. Mais la réunion d'un concile suppose trois conditions préalables : il faut que le pape le convoque ; il faut que les luthériens acceptent de s'y rendre ; il faut que l'Europe chrétienne soit en paix. Ces trois conditions ne seront jamais réunies en même temps. C'est pourquoi le concile – quand il finira par se réunir – ne pourra que prendre acte de la division religieuse de l'Europe et la réforme qu'il mettra en œuvre ne concernera que les territoires restés fidèles à l'Eglise de Rome.

Il y eut un moment où la situation parut particulièrement favorable. C'est en 1522, lorsque l'ancien précepteur de Charles Quint devint pape sous le nom d'Adrien VI. L'empereur vit dans cet événement un signe de la Providence : les deux autorités suprêmes de la Chrétienté allaient pouvoir travailler de concert à rétablir l'unité de foi dans un esprit de conciliation. Malheureusement, Adrien VI

mourut l'année suivante et son successeur, Clément VII, un Médicis, était trop soucieux de maintenir en Italie un équilibre subtil entre les puissances rivales – François Ier et Charles Quint – pour donner satisfaction à l'empereur en convoquant le concile, ce qui eût conféré à Charles Quint une trop grande autorité ; de plus, le pape n'était pas prêt à reconnaître que Luther n'avait pas tort de vouloir réformer l'Eglise. Contre Charles Quint, Clément VII organise la Ligue de Cognac (1526). C'est la rupture et bientôt la guerre. L'entourage de Charles Quint – où les disciples et admirateurs d'Erasme sont influents – est sévère pour le pape ; on encourage les cardinaux à la révolte : «Rappelez au souverain pontife que Dieu l'a mis sur le siège de saint Pierre, non pour le malheur, mais pour le salut du peuple chrétien ; non pour prendre les armes, mais pour faire preuve de mansuétude et d'humilité» ; si le pape refuse de convoquer le concile, que les cardinaux en prennent l'initiative. D'autres conseillers de Charles Quint parlent ouvertement de chasser le pape de Rome.

Charles Quint avait d'abord hésité à prendre des sanctions contre Luther, en rupture avec Rome depuis 1517. En janvier 1521, il convoque une diète à Worms (ci-dessous); Luther vient y affronter les légats pontificaux en présence des princes allemands et des électeurs du Saint Empire ; il reste sur ses positions. Il est alors déclaré hors la loi, mais, protégé par le sauf-conduit qu'on lui a remis, il peut quitter librement la ville et trouve refuge auprès de l'électeur Jean-Frédéric de Saxe.

Le sac de Rome

Clément VII ne prend pas ces menaces au sérieux.
Il a tort. L'armée impériale se met en place dans le
nord de l'Italie au début de l'année 1527 et descend
lentement vers le sud. Elle est commandée par un
Français, le connétable de Bourbon, et comprend des
éléments divers : des Espagnols, des Italiens, des
Suisses et surtout dix-huit mille lansquenets
allemands, luthériens pour la plupart. Tous sont des
mercenaires avides de pillage et d'extorsions. Or, le
connétable n'a pas de fonds pour payer leur solde ; il
ne tient qu'en leur promettant le butin de Rome.
Le 5 mai, l'armée arrive aux portes de la ville ; le 6,
elle donne l'assaut. Bourbon est tué dès le premier
jour. Privés de leur chef, les soldats mettent Rome
à sac : ils pillent maisons et églises ; ils profanent les
reliques ; ils jouent à la balle avec les crânes de saint
Jean, saint Pierre, saint Paul... ; ils violent les
religieuses ; ils humilient les princes de l'Eglise ; ils
rançonnent la population en recherchant tout ce qui
est facilement monnayable : l'or, l'argent, les objets
précieux ; ils se livrent au trafic des œuvres d'art
(statues, tapisseries, tableaux). L'armée impériale,

L'armée impériale
est commandée par
un Français, le
connétable de Bourbon,
brouillé avec
François Ier. (ci-dessus,
la mort du
connétable).

finalement reprise en main, ne quitte Rome que le 16 février 1528 en emportant un butin énorme. Le pape, qui avait réussi à s'enfuir, ne rentre qu'en octobre de la même année.

Jamais, depuis les invasions barbares, la capitale du monde chrétien n'avait subi pareil outrage. D'abord stupéfait par l'ampleur de la victoire, l'entourage de Charles Quint réagit ; la chancellerie impériale diffuse des mémoires pour expliquer que tout ce qui est arrivé a été voulu par la Providence : Rome était devenue une ville de perdition où s'accumulaient les richesses de l'Eglise, détournées de leur destination ; en se conduisant en chef de guerre et non en pasteur, Clément VII s'exposait à de telles calamités. Et on presse Charles Quint de profiter de l'occasion ; maintenant qu'il tient le pape à sa merci, qu'il impose la réforme de l'Eglise ; l'histoire retiendra que l'Eglise a été fondée par Jésus-Christ et restaurée par Charles Quint !

Le pape a tout juste le temps de se réfugier au château Saint-Ange où il est assiégé (ci-dessous). Moyennant une forte contribution de guerre, on l'autorise à quitter la ville qui est alors livrée à l'armée impériale, une armée dans laquelle les lansquenets allemands, tous luthériens, sont en majorité ; on disait que leur brutalité en campagne dépassait même celle des Français !

Clément VII attendait Charles Quint à Bologne, fin novembre 1529, avec le collège des cardinaux (ci-contre, leur entrée dans la ville). Charles Quint le salua en espagnol. Il aurait préféré que la cérémonie du couronnement eût lieu à Rome, mais les traces des dégats causés par l'armée impériale en 1527 étaient encore visibles. C'est cette même armée qui escorte Charles à Bologne (en bas, l'un des capitaines de Charles Quint, assistant au couronnement).

L'empereur ne suit pas ces conseils. Bien loin d'abuser de la situation, il cherche à se réconcilier avec le pape et y parvient en partie. En juin 1529, Charles Quint arrive en Italie, rencontre Clément VII à Bologne en novembre et reçoit de ses mains, en février 1530, la couronne de fer des rois lombards et la couronne d'or du Saint Empire, cérémonie – la dernière du genre : Napoléon se couronnera lui-même à Notre-Dame de Paris en présence de Pie VII – qui a pour effet de faire de Charles Quint, jusque-là simple roi des Romains, un empereur véritable. Lors de ce voyage, Charles ne s'est pas rendu à Rome ; sa présence aurait passé pour une provocation. C'est seulement en 1536, au retour de son débarquement victorieux à Tunis, qu'il sera reçu dans la Ville éternelle par le successeur de Clément VII, Paul III. Encore faut-il noter que ses rapports avec ce dernier seront

En 1530, le cérémonial du couronnement est déjà anachronique ; les nations de la Chrétienté – y compris l'Espagne – refusent de voir dans le titulaire du Saint Empire romain germanique l'héritier légitime des empereurs d'Occident et le successeur de Charlemagne.

toujours tendus. Jamais l'empereur ne trouvera auprès des papes des interlocuteurs qui partagent ses vues sur la réforme de l'Eglise ; il sera toujours à leurs yeux un souverain qui inquiète par son excessive puissance. Il faut attendre la paix de Crépy (1544) pour voir la France se joindre à l'empereur. Le concile est alors convoqué et les premières réunions se tiennent à Trente en 1545, mais il est trop tard : ceux qu'on commence à appeler des protestants se sont organisés en églises ou sectes séparées de Rome ; ils refusent de venir à Trente. Deux orthodoxies opposées s'affrontent, rendant vains les efforts de conciliation de Charles Quint.

Charles Quint et les protestants

Adrien d'Utrecht avait inculqué à son élève, le futur Charles Quint, une foi et une pratique religieuse des plus simples auxquelles l'empereur restera fidèle toute sa vie.

Le 22 février 1530, Clément VII remet à Charles Quint la couronne de fer des rois lombards ; deux jours plus tard, le 24 février, trentième anniversaire de Charles Quint et cinquième de la victoire de Pavie, la couronne d'or du Saint Empire. Charles Quint est désormais véritablement empereur ; jusque là, il portait seulement le titre de roi des Romains et d'empereur élu. C'est la dernière fois dans l'histoire qu'un pape couronne un empereur.

PRISCOSQVE · QVIRITES

SERVATO : TRAANTE

Le triomphe de l'Empereur des Romains.

L'entrée de Charles Quint à Bologne fut superbe : en tête, la cavalerie bourguignonne avec ses trompettes ; puis des pièces d'artillerie, quatre mille lansquenets allemands qui défilent au son des fifres et des tambours ; au milieu d'eux, le vainqueur de Pavie, Antoine de Leyva, sur une chaise à porteurs : il était invalide ; un autre corps de cavalerie, puis des pages ; le grand écuyer et deux rois d'armes portant la bannière impériale et, enfin, Charles Quint lui-même à cheval, armé, entouré de sa cour. Pour fermer le cortège, la garde à cheval et trois mille soldats de l'infanterie espagnole. C'est à la tête de cette troupe que Charles Quint traverse toute la ville de Bologne pour se présenter au pape Clément VII qui attend son visiteur avec le collège des cardinaux. Ci-contre et page suivante, deux détails d'un long dépliant qui conserve la mémoire de l'événement.

ENATVM : ET REDDERE : PRIME

DEDUCERE PA

Le jeudi saint, il recevait treize pauvres à sa table et leur lavait les pieds ; il lui arrivait d'entendre trois messes par jour. Il n'entendait rien aux querelles théologiques, sinon que la Réforme malmenait la tradition de l'Eglise catholique. Il restera persuadé toute sa vie qu'on pouvait régler le schisme de Luther au prix de concessions mutuelles sans remettre en cause le dogme ; c'est l'intransigeance des deux camps – les papes et les protestants – qui le conduisit à abdiquer quand il eut acquis la conviction que ses efforts n'aboutiraient à aucun résultat.

Pendant plus de vingt ans, tous les efforts de la politique impériale tendent à aplanir les différences et à rapprocher les deux camps qui divisent la Chrétienté. Les Espagnols sont très réservés quand il s'agit de ce sujet ;

Le décret de Worms (1521) contre Luther (ci-dessous) n'avait jamais été suivi d'effet. On espérait qu'un concile universel finirait par mettre d'accord papistes et protestants, mais, en attendant, on décida que chaque ville et chaque Etat agirait comme il l'entendrait, dans le respect de ce qu'il devait à Dieu et à l'empereur (Diète de Spire, 1526). C'était reconnaître qu'on ne pouvait maintenir l'unité religieuse par la force.

la «tranquillité de l'Allemagne», comme on disait dans les textes de l'époque, les laissait indifférents et même le confesseur de l'empereur, le dominicain García de Loaisa, lui conseillait d'abandonner les luthériens à leur sort : «Faites en sorte – lui écrivait-il en 1530 – de vous faire obéir de vos sujets ; pour le reste, qu'ils se fassent musulmans, s'ils y tiennent ! Tâchez de les amener à composition, par exemple en cédant sur les aspects extérieurs du culte ; ne lâchez rien d'essentiel sur le dogme ; s'ils ne veulent rien entendre raison, fermez les yeux ; vous n'avez pas à convertir les âmes ; il vous suffit d'exiger la loyauté et l'obéissance qu'on doit à l'autorité légitime.»

C'est bien ainsi que l'entendait Charles Quint et, à plusieurs reprises, on est passé très près d'un compromis acceptable pour les deux parties, par exemple lors de la première Diète d'Augsbourg en 1530, quand Melanchton, au nom des luthériens, était disposé à une entente à des conditions qui ne paraissaient pas difficiles à satisfaire : le mariage des prêtres, la communion sous les deux espèces. Chaque camp, cependant, avait ses intransigeants qui revenaient sans cesse sur ce qui semblait acquis. Charles Quint n'en continuait pas moins à encourager des colloques pour

Le 14 juillet 1530, Charles Quint écrivait à Clément VII : «Il n'y a qu'une solution : le concile. Les mauvais chrétiens le souhaitent parce qu'ils espèrent y gagner quelque chose et les bons chrétiens aussi pour qu'il mette un terme aux agissements des mauvais et les empêche d'obtenir gain de cause... Les bons chrétiens le souhaitent encore pour qu'on en finisse avec les désordres actuels et qu'on y porte remède, pour éviter aussi de plus grands maux et de nouvelles hérésies.» Ci-dessus, le Concile de Trente en (1545).

discuter des questions les plus controversées. En 1541, à Ratisbonne, il préside lui-même l'une de ces réunions. Melanchton et Calvin sont là ; Granvelle, au nom de la chancellerie impériale, rédige sur la justification par la foi un article auquel Calvin ne trouve rien à redire ; l'accord se fait sur un document en vingt-trois points, mais Luther et Rome rejettent le projet.

C'est qu'au fur et à mesure que le temps passe les positions se durcissent ; personne ne veut avoir l'air de céder. Et la politique s'en mêle : des princes allemands ont intérêt à soutenir une réforme religieuse qui accroît leur pouvoir en leur permettant de s'emparer de biens d'Eglise ; contre Charles Quint, ils recherchent l'appui de la France qui ne le leur refuse pas toujours, bien qu'elle-même pratique

A gauche, Nicolas Perrenot de Granvelle (1486-1550).

souvent une politique répressive en matière de religion. Lassé, Charles Quint se décide à entrer en guerre avec les princes luthériens. Il remporte sur eux la victoire de Mühlberg (1547), mais il n'a pas les moyens de l'exploiter. Il se résigne, en 1548, à de nouvelles concessions envers la Réforme (Intérim d'Augsbourg, 1548). La paix d'Augsbourg (1552) met un point final à tous ces efforts. Chaque Etat e voit reconnaître le droit d'imposer ses ressortissants la religion du rince (*cujus regio ejus religio*); a Chrétienté n'existe plus ;

Melanchton (au centre, à droite), successeur de Luther (à gauche), avait un esprit conciliant et chercha à renouer avec le pape. face à Charles Quint, il participe à la Diète d'Augsbourg (ci-dessous), qui dure six mois ; en vain, aucun des deux camps de veut céder.

l'Europe se constitue désormais sur d'autres bases que la communauté de foi ; l'empire n'est plus qu'une confédération de territoires. Cet échec est à l'origine de la décision que prend l'empereur, quelques années après, de renoncer au pouvoir.

Le découragement de Charles Quint

Charles Quint n'a pu réaliser aucun des deux objectifs qu'il s'était fixés lors de son accession à l'empire : refouler les Turcs et maintenir l'unité religieuse du monde chrétien. On peut considérer ces objectifs comme anachroniques : la croisade et la Chrétienté sont, en effet, des notions héritées du Moyen Age et qui n'avaient plus guère d'actualité au XVIᵉ siècle. On peut aussi, en forçant les choses, voir en Charles Quint un précurseur qui aurait eu l'intuition de ce que devait être l'Europe : une civilisation originale, née de la rencontre de la tradition judéo-chrétienne et de l'Antiquité gréco-romaine, menacée par les progrès d'une civilisation non moins estimable – celle que représentait l'Empire ottoman –, mais avec laquelle il ne semblait pas possible, à l'époque, d'établir des rapports de bon voisinage. Charles Quint était

Le 24 avril 1547, Charles Quint remporte la bataille de Mühlberg. L'électeur de Saxe, Jean-Frédéric, mis en présence de l'empereur, s'adresse à lui en ces termes : «Très puissant et gracieux empereur, je suis votre prisonnier.» A quoi Charles Quint réplique : «Vous m'appelez empereur, maintenant ?», allusion à des libelles récents où l'on pouvait lire : «Charles de Gand, qui se croit empereur…» Ci-dessous, la soumission des princes à Charles Quint, en 1547.

Charles Quint arrive, le 24 avril 1547 au matin, sur les bords de l'Elbe. Il lui faut franchir le fleuve pour attaquer. Il y a bien des barques, mais elles sont de l'autre côté. Onze espagnols traversent l'Elbe à la nage, l'épée entre les dents, et ramènent les barques qui permettent au gros de la troupe de passer. C'est cet exploit qui permit de surprendre l'adversaire et de l'écraser, le soir même, à Mühlberg. Les pertes de l'empereur furent légères : à l'en croire, moins de dix hommes tués ou blessés, tandis que les Hongrois de Ferdinand d'Autriche, qui combattent dans l'armée impériale, s'acharnèrent tout particulièrement contre les Saxons protestants qui subissent de lourdes pertes.

persuadé que la dignité impériale lui faisait un devoir de prendre la tête de l'Europe pour conjurer le péril mais les Etats modernes – la France surtout, mais aussi l'Angleterre, Venise, la papauté et même l'Espagne – ne s'intéressaient qu'à leurs intérêts nationaux. Voilà comment le souverain le plus cosmopolite de son temps a fini par se décourager et par renoncer. Après la Diète d'Augsbourg (1552), prématurément vieilli et malade, il ne songe plus qu'à organiser sa succession. Un accord secret de 1551 prévoyait que l'empire irait à son frère Ferdinand. L'empereur tenait particulièrement aux Pays-Bas, son

pays natal ; il les léguerait donc à son fils Philippe,
mais, pour en assurer la sécurité, il convenait de
gagner au moins la neutralité de l'Angleterre. Le
mariage, en 1554, du prince Philippe et de Marie
Tudor (fille d'Henry VIII et petite-fille des Rois
Catholiques) avait été pensé dans cette intention,
mais il ne donna pas les résultats qu'on en attendait :
déçu de ne pas avoir d'héritier, Philippe quitta
l'Angleterre en septembre 1555 ; la mort de Marie
Tudor acheva de ruiner les plans de Charles Quint,
ce qui devait avoir des conséquences graves plus tard,
quand Philippe II eut à faire face à la révolte des
Pays-Bas.

Une abdication inattendue

L'abdication de Charles Quint ne manque point de
grandeur ; elle restera longtemps un thème d'exercice
dans les collèges. Le 22 octobre 1555, à Bruxelles, il se
dépouille de sa dignité de grand maître de la Toison
d'or, symbole de cette chevalerie qu'il avait rêvé de
maintenir et de développer. Trois jours après, toujours
à Bruxelles, a lieu la renonciation du duc de
Bourgogne, souverain des Pays-Bas. L'empereur, vêtu
de noir, fait son entrée en s'appuyant sur l'épaule du
jeune prince Guillaume d'Orange, celui-là même qui,
quelques années plus tard, sera le plus féroce
adversaire de son «seigneur naturel», Philippe II.
C'est sans aucune pompe que, le 16 janvier 1556,
Charles Quint remet à son fils les couronnes de
Castille, d'Aragon, de Sicile et des Indes (celle de
Naples lui avait été donnée en 1554, à l'occasion de
son mariage avec Marie Tudor). On licencie la cour.

nara B

Sept cent soixante-deux personnes
avaient été choisies pour accompagner
Charles Quint dans sa retraite ; pour des
raisons financières, il fallut réduire ce
nombre à cent cinquante. Philippe II
a-t-il rogné des deux tiers la pension
qu'on avait prévu de verser à son père ?
C'est ce que soutiendra plus tard
Guillaume d'Orange, mais celui-ci s'est
acharné à calomnier le fils de

Le 25 octobre 1555, à
Bruxelles, Charles
Quint prend la parole
devant une assistance
stupéfaite : «On se
regardait les uns les
autres en silence,
effrayés par une
décision qu'on n'aurait
jamais osé imaginer»,
écrit un chroniqueur.

l'empereur ; on accueillera donc avec prudence cette affirmation. Ce qui paraît avéré, en revanche, c'est l'ingratitude de la noblesse ; bien peu d'aristocrates viennent saluer l'ancien souverain quand il traverse l'Espagne dans son dernier voyage. Cet enfant du Nord a choisi, en effet, de se retirer dans une province éloignée, l'Estrémadure.

La retraite de Yuste

On aménage pour Charles Quint, dans le monastère des hiéronymites de Yuste, des appartements plutôt modestes d'où l'empereur pouvait voir un paysage de fleurs, d'orangers et de figuiers. L'empereur passait son temps à se promener à cheval, à cultiver son jardin et surtout à des expériences d'horlogerie avec

A Cuacos, près de Yuste, don Juan d'Autriche passe pour le fils naturel d'un gentilhomme. L'empereur demanda un jour qu'on l'emmenât devant lui (ci-dessus), mais ce n'est qu'en 1559 que le secret de sa naissance fut révélé. Vainqueur des Turcs à Lépante (1571), puis gouverneur des Pays-Bas, don Juan concevra le projet fou d'envahir l'Angleterre, de détrôner Elisabeth et d'épouser Marie Stuart.

l'ingénieur italien Turriano. Il s'était mis en tête d'accorder ensemble plusieurs horloges pour les faire sonner au même moment ; c'était plus facile, disait-il, que de mettre d'accord des théologiens ! On raconte que, comme les autres moines, il devait passer dans les cellules, à son tour, pour réveiller les dormeurs ; un jour, il eut bien du mal à faire lever un jeune novice qui ne put s'empêcher de manifester sa mauvaise humeur : pourquoi l'empereur qui avait troublé le repos du monde tant qu'il y avait vécu éprouvait-il maintenant le besoin de troubler le repos de ceux qui en étaient sortis ? A-t-il organisé une sorte de répétition générale de ses propres funérailles, quelques jours avant sa mort ? C'est probablement une légende forgée au XVIIᵉ siècle.

on Juan d'Autriche

a vie privée de l'empereur offre peu de rise à l'anecdote, on lui connaît peu de aisons amoureuses, toutes antérieures à son ariage ou postérieures à son veuvage. D'une remière, au Pays-Bas, il eut une fille, arguerite, qui devait devenir précisément gente des Pays-Bas. Plus connu est le cas de on Juan d'Autriche, né à Ratisbonne, en 1547, une certaine Barbara Blomberg, une fille plutôt lgaire, lavandière ou chanteuse, que l'empereur aria à un reître après lui avoir constitué une

Don Juan à quatorze ans (ci-dessous), à Villagarcía, près de Valladolid. Il a les cheveux blonds et les yeux bleus. C'est deux ans plus tard qu'on le conduit à Cuacos, non loin de Yuste où son père s'est retiré. Après la mort de l'empereur, on le ramène à Villagarcía. En 1559, il est présenté à la cour. Pendant quelque temps, il fait des études à Alcalá de Henares avec ses neveux, qui ont presque le même âge que lui : don Carlos et Alexandre Farnèse.

rente. L'enfant avait été confié à un vieux serviteur, Luis Quijada, qui l'emmena en Espagne et l'éleva sans révéler le secret de sa naissance. Quand Charles Quint se retira à Yuste, le jeune Jérôme – c'est le nom qu'il portait – fut conduit tout près de là, à Cuacos ; il assista aux obsèques de l'empereur, le 21 septembre 1558, sans que personne sût encore qui il était. Dans un codicille à son testament, Charles Quint révélait le secret et priait Philippe II de veiller à la carrière de son frère.

La régente Jeanne le prendra avec elle et l'embrassera en public lors d'un autodafé, à Valladolid, le 21 mai 1559, mais sans rendre publique sa filiation, ce qui était du ressort du roi.

Quelques mois plus tard, Philippe II rencontre comme par hasard Jérôme au cours d'une partie de chasse. Les deux frères rentrent ensemble à Valladolid et c'est alors seulement qu'on donne un nouveau nom, don Juan d'Autriche, au fils de l'empereur, avec le rang d'infant et le titre d'excellence – mais non d'altesse. Après deux ans d'études à Alcalá, le jeune prince embrassera la carrière des armes où il s'illustrera, notamment en remportant sur la flotte turque, en 1571, la victoire de Lépante.

Le dernier acte du règne

A Yuste, Charles Quint n'est pas coupé du monde extérieur. Il se tient informé. Il apprend avec déplaisir que Philippe II n'a pas exploité comme il convenait sa victoire de Saint-Quentin sur les Français.

Guillaume de Nassau, prince d'Orange (1533-1584), ci-dessus, avait été élevé à la cour de Marie de Hongrie, à Bruxelles. A dix-huit ans, il fait ses premières armes aux côtés de Charles Quint qui lui porte beaucoup d'affection. C'est lors de la cérémonie de l'abdication que Guillaume a dû rencontrer pour la première fois Philippe II (à gauche), dont il deviendra quelques années plus tard, le plus féroce des adversaires.

Il est surtout atterré par les foyers luthériens qu'on découvre au cœur même de l'Espagne, à Valladolid et à Séville, et c'est lui qui donne à la régente Jeanne – Philippe II n'arrive en Espagne qu'en 1559 – des instructions rigoureuses pour étouffer dans l'œuf ces manifestations de l'hérésie : les luthériens devront être traités et punis comme des rebelles qui portent atteinte à la sécurité de l'État. L'autodafé de Valladolid n'est pas, comme on le dit parfois, le premier acte du règne de Philippe II, mais le dernier du règne de Charles Quint et il est vain d'opposer, sur ce point, le père et le fils.

Une époque nouvelle commence en 1559. Ce n'est pas seulement une question d'hommes et de générations ; c'est aussi et surtout un changement de climat dans toute l'Europe ; les persécutions espagnoles coïncident en France avec le début des guerres de religion. Charles Quint n'était plus l'homme de la situation. Il meurt le 21 septembre 1558 à deux heures du matin.

Pour accueillir Charles Quint à Yuste (ci-dessous), on avait bâti sur le flanc du monastère des hiéronymites des appartements pompeusement appelés palais, en fait quelques pièces : une vaste cuisine, un bureau, une chambre à coucher et un grand salon qui donne sur une pièce d'eau et un jardin. Charles Quint n'y séjourna que dix-huit mois ; en attendant que les travaux fussent terminés, il logeait non loin de Yuste, à Jarandilla, dans le château des ducs d'Oropesa. Il avait emporté avec lui la *Gloire*, commandée à Titien et dans laquelle il est représenté (page suivante).

TÉMOIGNAGES
ET DOCUMENTS

«Tant de princes à ses pieds lui donnent
une grandeur qui impose.
Nul empereur depuis Charlemagne
n'eut tant d'éclat que Charles Quint.»
Voltaire

Charles Quint vu par ses contemporains

Aucun des textes réunis ici n'était destiné à être publié. C'est ce qui fait l'intérêt de ces rapports, en particulier de ceux rédigés par les ambassadeurs de la république de Venise, soucieux de rendre compte le plus exactement possible du caractère du plus puissant souverain d'Europe.

Les déesses du destin autour du berceau du futur empereur, en Flandres.

Charles Quint à seize ans

Sache le seigneur cardinal [Cisneros, archevêque de Tolède] ce qui suit :

Le prince, notre seigneur, est doué, grâce à Dieu, de très bonnes dispositions et d'un grand caractère; mais on l'a élevé et on l'élève encore loin du monde, et particulièrement des Espagnols, ce qui est un inconvénient et le sera beaucoup plus lorsqu'il ira là-bas. L'évêque [de Badajoz, Alonso de Manrique] est d'avis, et il l'a dit ici, que Son Altesse devrait communiquer avec plus de personnes, et même commencer à converser dès à présent avec les Espagnols.

Son Altesse ne sait dire un seul mot en espagnol, quoiqu'elle le comprenne un peu. C'est là un très grand mal; on en a fait l'observation et l'on a donné les avis qui ont paru convenables, mais jusqu'à présent on ne fait pas ce qu'il faudrait.

Son Altesse est dominée au point qu'elle ne sait rien faire ni dire autre chose que ce qu'on lui suggère ou ce qu'on lui dit. Elle écoute beaucoup son Conseil, auquel elle montre une grande déférence. Nous voudrions pourtant, puisqu'elle est dans sa dix-septième année, qu'elle parlât et agît d'elle-même, sans laisser pour cela de communiquer les affaires à son Conseil, et de les résoudre de l'avis de celui-ci.

Le personnage qui gouverne et par la main duquel tout se fait absolument ici est M. de Chièvres, homme prudent et doux, mais il est bon que le seigneur cardinal sache que la passion qui règne surtout chez les gens de ce pays, c'est la cupidité, car, dans tous les Etats, quelque religieux que l'on soit, on ne considère pas cela comme un péché ni comme un mal.

Mémoire de l'évêque de Badajoz Alonso de Manrique, au cardinal Cisneros, archevêque de Tolède Bruxelles, 8 mars 151

Charles Quint à trente ans

L'empereur, au 24 février dernier [1530], a accompli sa trentième année. S'il n'est pas d'une très forte complexion, sa santé est bonne. Il a le corps parfaitement proportionné; une seule chose lui gâte la figure : c'est le menton. Il est prudent, réservé et s'occupe avec la plus grande sollicitude de ses affaires, à ce point qu'il écrit actuellement de sa main à l'impératrice en Espagne et à son frère [Ferdinand] en Allemagne, des lettres très longues. Le pape m'a dit qu'en négociant avec lui, Sa Majesté avait un mémorial où étaient notées de sa main toutes les choses dont elle avait à traiter, afin de n'en oublier aucune.

L'empereur n'est très adonné à aucun plaisir. Il va quelquefois à la chasse, surtout au sanglier, mais, à Bologne, il est rarement sorti de son palais, et seulement pour assister à la messe en quelque église. Il est religieux plus que jamais. Il parle et discourt beaucoup plus qu'il ne le faisait en Espagne. Il m'est arrivé de négocier avec lui pendant deux heures de suite, ce que, en Espagne, il ne faisait pas. Il n'est plus aussi absolu dans ses opinions que sa nature le portait à l'être. Un jour qu'il causait familièrement avec moi, il me dit qu'il était naturellement entêté; je voulus l'excuser en lui répliquant : "Sire, c'est être ferme dans une opinion qui est bonne, c'est de la constance, non de l'obstination". Il me répartit aussitôt : "Mais quelquefois je le suis dans les mauvaises". D'où il résulte, selon moi, que, par sa prudence et sa bonne volonté, il a triomphé de ses défauts naturels. Quant à ses intentions, elles me paraissent être excellentes et tendre surtout à la conservation de la paix. [...]

Il se défie et se défiera toujours beaucoup du roi de France, tenant pour

Charles, duc de Bourgogne, et à ce titre grand maître de la Toison d'or.

très certain que, chaque fois que le roi en trouvera l'occasion, il ne manquera pas de lui faire dommage et honte.

Il n'aime pas le roi d'Angleterre [Henri VIII], à cause de l'intention exprimée par celui-ci de divorcer avec sa tante [Catherine d'Aragon, fille des Rois Catholiques], ce qu'il répute très déshonorant pour lui.

Il porte au roi [de Hongrie] Ferdinand, son frère, une extrême affection et l'union la plus étroite règne entre eux. [...]

Il rend de très grands honneurs au pape et fait démonstration envers lui d'un profond respect.

Rapport de l'ambassadeur de Venise, Gaspar Contarini, 1530

Charles Quint et le pape
Clément VII à Bologne (1530)

Charles Quint a alors trente ans.

Le visage de César avait une allure guerrière et grave, mais en même temps empreinte de douceur et de retenue. Celui de Clément, en revanche, s'éclaira dès leur première rencontre; on aurait dit qu'il se réjouissait de le voir bien plus humain et majestueux qu'il ne pensait. C'est que beaucoup d'Espagnols avaient malicieusement rapporté des choses, fausses au demeurant, sur César; beaucoup étaient même allés très loin et, en raison de tous ces massacres inhabituels [allusion au sac de Rome de 1527], le présentaient comme un second Arioviste… Cependant, César avait été bien reçu à Gênes; on avait fait connaissance avec lui à Plaisance, puis à Parme, à Reggio, à Modène et il avait été accueilli avec beaucoup d'honneurs par des populations de toute sorte… Effectivement, rien ne plaît tant chez un roi que de le voir se laisser approcher par tout le monde et prêter l'oreille à tous avec une grande bienveillance et une patience singulière… Les débordements de la troupe, encouragés par une longue impunité – vols ou récriminations de ceux qui réclamaient avec trop d'arrogance le paiement anticipé de leur solde –, il les avait immédiatement punis et réprimés si bien qu'il passait de très loin comme le plus digne de tous d'occuper le pouvoir suprême… Bien qu'il fût alors dans la fleur de son âge et en pleine gloire, jamais les plaisirs, même licites, ne le détournaient des continuelles délibérations sur les affaires les plus importantes… Jamais son esprit brillant, noble, fort, ne fut ni troublé par un élan de colère ni piqué par un aveugle désir de vengeance; aucune faiblesse humaine ne s'empara de lui au point de lui faire oublier son devoir. Si l'on veut tout savoir, son visage brillait d'une pâleur argentée et agréable; il avait les yeux bleus et doux; aucune sévérité âpre ne leur donnait un aspect redoutable; ils révélaient même une timidité naturelle et une modestie virile. Le nez faisait une petite saillie, signe de grandeur d'âme chez les rois de Perse, comme l'ont observé les Anciens; le menton avançait un petit peu trop, ce qui enlevait du charme à son visage; mais ce qui lui donnait plus de gravité, c'étaient sa barbe frisée et blonde, sa chevelure qui avait l'éclat de l'or pâle coupée autour de la tête à la manière des empereurs romains. Pour le reste, sa stature était

extrêmement robuste, comme celle d'un homme dans la fleur de l'âge et d'une santé à toute épreuve; il était, non pas plein d'une sève fade, mais d'une forte complexion; les mains, grandes et robustes, faites pour empoigner l'épée; les jambes, aux veines apparentes, avec beaucoup de grâce, bien proportionnées avec le tronc, ce qui se remarquait surtout quand il était à cheval. Il montait si bien à cheval et avec une telle dignité qu'on ne trouverait aucun autre cavalier qui, pour pousser son cheval et le faire tourner en rond, fût plus élégant que lui, plus impétueux, plus endurant sous le poids de l'armure.

Paul Jove,
Historiae, Florence, 1552

Charles Quint et le pape Clément VII.

Charles Quint à quarante-huit ans

Après Contarini (1530), et avant Badoaro (1557), c'est un autre ambassadeur vénitien, Mocenigo, qui rédige en 1548 un portrait de Charles Quint.

Il est un peu moins régulier dans sa manière de vivre, car il mange et boit tant aux repas que tout le monde en manifeste de l'étonnement; il est vrai qu'il ne soupe pas la nuit, mais prend une collation faite de sucreries et de confitures; et bien que les médecins, qui sont toujours présents à sa table, lui rappellent souvent qu'un mets lui est préjudiciable, il ne s'en prive pas pour cette raison et préfère habituellement les plats lourds et tous ceux contraires à sa nature. Et le pire est qu'il ne mastique pas les aliments, mais les avale comme tous disent, ce qui en grande partie est dû au peu de dents qui lui restent et à leur mauvais état. Il prend peu d'exercice corporel, sauf qu'il va parfois à la chasse, ce qui consiste pour lui à décharger son arquebuse sur un oiseau ou autre hôte des forêts.

Dans tous les événements où la raison d'Etat ne l'emporte pas, l'empereur montre qu'il est un souverain extrêmement juste; il veut que chacun ait son dû, que personne n'acquière par la violence ce qui appartient à d'autres, et que tous tiennent leurs promesses. Il n'admet pas qu'on fasse du tort à qui que ce soit, aussi les courtisans qui connaissent bien ses idées sont-ils si discrets et si honnêtes gens qu'on voit rarement l'un d'eux se laisser aller à un acte douteux. L'empereur est également fort religieux; il entend deux messes chaque jour, l'une pour l'âme de l'impératrice et l'autre pour la sienne; il se confesse et communie au moins six fois par an et se comporte en tout cela

avec une si grande dévotion qu'on peut à peine la qualifier. [...] Dans les cas où la raison d'Etat prédomine, beaucoup ont l'impression que l'empereur n'est pas toujours juste. [...]

L'empereur a été et est encore, selon ses médecins et ses proches, extrêmement porté au plaisir des sens, et pourtant il n'est personne qui puisse dire que Sa Majesté, malgré l'amour qu'elle a ressenti pour beaucoup, en ait pris prétexte pour commettre un acte tant soit peu déshonorant ni qu'elle ait jamais employé la force pour parvenir à ses fins; elle s'est toujours conduite avec tant de retenue et de mesure que tout le monde chaque fois s'en étonne; cette grande vertu, du fait qu'elle est si rare chez les princes, est d'autant plus à la gloire de Sa Majesté dont on peut affirmer avec vérité qu'elle est aujourd'hui dans le monde le miroir de l'honnêteté.

En ce qui concerne les questions d'argent, Sa Majesté est extrêmement soigneuse, et si elle n'hésite pas à entreprendre de grandes dépenses pour tout ce qui est indispensable ou nécessaire, elle ne peut autrement supporter qu'on gaspille un seul de ses ducats pour le superflu. C'est ce qu'on a pu observer dans toutes ses guerres, où elle n'a jamais voulu faire de gros débours, si ce n'est ceux que commandent le besoin et la nécessité.

L'empereur récompense chichement et lentement ceux qui le servent, si bien que peu se déclarent satisfaits; toutefois quand il décide d'élever quelqu'un, il ne se lasse jamais de lui témoigner de l'honneur et du bien. C'est vraiment quelque chose admirable qu'on ne connaisse aucun cas où il ait abaissé quelqu'un qu'il avait honoré. [...]

En ce qui concerne sa maison et son entourage, l'empereur se montre également parcimonieux, et comme il n'entretient qu'une cour modeste par rapport à sa grandeur, il ne dépense pas plus de cent vingt mille écus pour le service ordinaire de sa personne et de sa table. Contrairement à ce qu'il faisait autrefois, il habille si rarement ses pages de neuf que leurs vêtements sont presque toujours déchirés, et il renouvelle sa propre garde-robe moins souvent qu'un gentilhomme de bonne noblesse. Il dit qu'on ne doit pas dépenser plus de deux cents écus pour une doublure de pelisse, et que c'est folie de donner davantage. Il se souvient de tout ce qu'on lui dit au sujet des différentes pièces, même les plus petites de son habillement, si bien qu'il remarque souvent ce qui manque, fût-ce une chemise ou un mouchoir. Il fait aussi repriser ses vêtements plusieurs fois de suite. On dit qu'il se comporte ainsi non pas tant pour ne rien dépenser que pour épargner de gros frais à ceux de sa cour, lesquels se réjouissent toujours de l'imiter. Et on en a vraiment vu l'exemple pendant les guerres d'Allemagne : Sa Majesté y était vêtue de finette dont toute la valeur n'était pas d'un écu, il portait un chapeau de laine d'un marc, et l'on a vu tous les grands seigneurs et autres gentilshommes de sa cour faire de même.

Rapport de Mocenigo,
ambassadeur de Venise, 1548

Portrait de Charles Quint en 1557

Sa Majesté Impériale est de nation flamande et née à Gand... Sa taille est moyenne et son extérieur grave. Elle a le front large, les yeux bleus et d'une expression énergique, le nez aquilin et un peu de travers, la mâchoire inférieure longue et large, ce qui l'empêche de joindre les dents et fait qu'on n'entend pas bien la fin de ses paroles. Ses dents de devant sont peu nombreuses et cariées; son teint est beau; sa barbe est courte, hérissée et blanche. Elle est bien proportionnée de sa personne. Sa complexion est flegmatique et naturellement mélancolique. Elle souffre presque continuellement des hémorroïdes et souvent, aux pieds et au cou, de la goutte qui lui a entièrement raidi les mains. Elle a choisi le monastère de Yuste pour y vivre à cause que l'air de cet endroit est le plus propre au rétablissement de sa santé en Espagne; et, quoiqu'elle s'y soit plusieurs fois ressentie de la goutte, le roi [Philippe II] et d'autres personnes me dirent, à mon départ, que sa santé était meilleure qu'elle ne l'avait été depuis dix ans.

Dans ses discours comme dans ses actions, l'Empereur a toujours montré le plus grand attachement à la foi catholique. Tous les jours de sa vie, il a entendu une et souvent deux messes; il en entend à présent trois, dont une est pour l'âme de l'impératrice et une autre pour la reine sa mère. Il assiste aux

sermons lors des fêtes solennelles de l'Eglise, comme de toutes celles du carême, et parfois aussi aux vêpres et aux autres offices divins. Actuellement il se fait, chaque jour, lire la Bible; il se confesse et communie quatre fois par an, selon son ancienne coutume, et il fait distribuer des aumônes aux pauvres. Avant son départ pour l'Espagne, il avait la fréquente habitude de tenir un crucifix dans la main et j'ai entendu raconter, pour chose véritable et comme un grand témoignage de son zèle religieux, que, quand il était à Ingolstadt, dans le voisinage de l'armée protestante, on le vit à minuit, dans son pavillon, agenouillé devant un crucifix et les mains jointes. Pendant le carême qui précéda son départ, il prit un soin extraordinaire de s'enquérir de ceux qui, à la cour, mangeaient de la viande et il fit dire au nonce du pape qu'il ne devait pas se montrer si facile à accorder la permission de faire usage des aliments prohibés aux courtisans ou à quelques autres personnes du pays que ce fût, à moins qu'il n'y eût péril de mort...

A en juger par la nature et la complexion de l'Empereur, on croira qu'il est timide; mais, si l'on considère ses actions, on trouvera qu'il est doué d'une âme forte : car, dans les expéditions militaires, il a fait preuve d'intrépidité et jamais on ne le vit changer de visage, si ce n'est après ce grand désastre d'Alger, quand, abordant à Majorque, il versa des larmes à la réception qui lui fut faite par ses sujets de cette île; et, lors de sa fuite d'Innsbruck, il voyagea jour et nuit, par des pluies incessantes et des chemins détestables, quoique l'électeur Maurice fût trop loin pour qu'il eût rien à craindre de lui. Avant qu'il partit pour l'Espagne, on avait appris à la cour, par des dépêches venues d'Italie et divers avis de particuliers, les menaces violentes auxquelles se portait le pape; il sut que, dans la délibération que le roi son fils avait tenue avec ses conseillers, tous étaient restés confondus de peur; il les fit appeler, et, dans un long discours où il retraça sommairement tout ce qui s'était passé entre lui et les autres pontifes et exposa ce qui se pouvait et devait faire contre le pape régnant, il s'exprima avec tant d'énergie que chacun d'eux fut transporté d'admiration. Dans toute la cour on ne parla que de la fermeté et du courage de l'Empereur. Des Espagnols m'ont assuré que ni la perte de membres de sa famille, ni celle de ses ministres les plus chers, n'ont jamais arraché de pleurs à S. M...

Pour ce qui est de la table, l'Empereur a toujours fait des excès. Jusqu'à son départ des Pays-Bas pour l'Espagne, il avait l'habitude de prendre, le matin, à son réveil, une écuelle de jus de chapon avec du lait, du sucre et des épices; après quoi il se rendormait. A midi, il dînait d'une grande variété de mets; il faisait collation peu d'instants avant vêpres, et, à une heure de nuit, il soupait, mangeant, dans ces divers repas, toute sorte de choses propres à engendrer des humeurs épaisses et visqueuses. N'étant pas encore content de tout cela, il dit un jour à son majordome Montfalconnet, d'un ton de mauvaise humeur, qu'il ne montrait plus de jugement dans les ordres qu'il donnait aux cuisiniers, car tous les mets qu'on lui servait étaient insipides. Je ne sais pas – lui répondit le majordome – ce que je pourrais faire de plus pour complaire à Votre Majesté, à moins que je n'essaie pour elle d'un nouveau mets, composé de potage d'horloge. Ces paroles firent beaucoup rire l'Empereur, et plus longtemps qu'on ne le vit jamais; ceux de la chambre ne rirent pas moins; car il n'y a chose en ce monde, comme on le sait, qui plaise autant à Sa Majesté que de s'arrêter devant les horloges.

L'Empereur mange de toute sorte de fruits en grande quantité et, après son repas, force confitures. Il boit trois fois seulement, mais beaucoup chaque fois. Partout où il s'est trouvé, on l'a vu s'adonner aux plaisirs de l'amour d'une manière immodérée, avec des femmes de haute comme de basse condition. Selon le témoignage de personnes attachées à sa cour, il n'a jamais été généreux; aussi presque tous se sont plaints de n'avoir pas reçu de récompense de leurs services, surtout lors de son abdication.

Entre bien des exemples de son avarice, j'en citerai deux que me conta le colonel Aldana le vieux. Le premier est qu'un soldat lui ayant apporté en Espagne l'épée et les gantelets du roi François Ier, après la bataille où ce monarque fut pris, il ne le gratifia que de cent écus d'or, le renvoyant ainsi désespéré. L'autre est qu'aux quatre soldats qui, tout vêtus et l'épée entre les dents, passèrent l'Elbe à la nage pour aller détacher les barques du fleuve, quand il remporta la victoire sur l'électeur de Saxe, il fit distribuer un pourpoint, une paire de bas et quatre écus pour chacun; ce qui, eu égard à l'importance du service rendu, fut envisagé comme une libéralité de pauvre diable.

J'ai entendu des personnes de la cour dire qu'il avait été de sa nature enclin à regarder de trop près quand il s'agissait de donner cent écus, tandis qu'il s'était montré prodigue, par exemple, lorsqu'il avait voulu s'attacher le prince Doria, don Ferrante Gonzaga et d'autres capitaines et personnages de ce rang; mais d'autres veulent qu'il ait agi de la sorte à l'égard de ces derniers dans le but de recevoir d'eux de plus grands services. Comme celui qui n'est pas libéral ne saurait être magnifique, on peut dire que les dépenses qu'il a faites pour l'ornement de ses palais, pour les livrées de sa cour, pour ses fêtes, n'ont pas été en rapport avec la suprême dignité d'un empereur, maître de tant de royaumes et

d'Etats. A la vérité, il a fait paraître, à diverses époques de sa vie, certaines qualités qui sont le propre d'un cœur magnanime; c'est ainsi qu'il s'est engagé dans des entreprises très grandes et très difficiles et y a donné des preuves d'intrépidité; que, tout en montrant qu'il ne désirait pas la guerre, on l'a vu, lorsqu'elle était déclarée, se mettre en campagne toujours avec joie, voulant prendre connaissance de toute chose et s'en rendre compte par lui-même, ne ménageant pas sa propre vie et, au contraire, s'exposant autant que le dernier capitaine; qu'enfin, il a eu constamment l'honneur pour objet. Mais, comme celui qui ne possède pas toutes les vertus morales ne peut porter parfaitement ce titre de magnanime, on ne saurait affirmer entièrement que l'empereur l'ait mérité, et plutôt serait-on porté à lui reprocher un peu d'orgueil, surtout en se rappelant que, lors de la victoire remportée sur les protestants, on les représenta, dans les médailles qu'on rendit publiques, comme ayant été terrassés par la maison d'Autriche, ainsi que les géants le furent, selon la fable, par les dieux que, dans leur audace insensée, ils voulaient combattre.

Frédéric Badoaro,
ambassadeur de Venise

Une journée de l'empereur

Il se levait tard et, après s'être habillé (toujours de soie ou de drap, strictement, plus en gentilhomme ordinaire qu'en grand seigneur, mais avec une très grande élégance), il entendait une messe privée pour le repos de l'âme de l'impératrice; il donnait ensuite audience et expédiait diverses affaires. Puis il quittait la chambre et entendait une autre messe publique à la chapelle.

Après quoi, il passait à table, si bien que cette phrase devint proverbiale à la cour : de la sainte table à la table [dalla messa alla mensa]. Il mangeait beaucoup et des aliments qui épaississaient les humeurs; c'est ce qui explique la goutte et l'asthme, maladies qui, dans son âge mûr, le firent beaucoup souffrir. La goutte, en particulier, lui causait de telles douleurs qu'il craignait d'en mourir; il pensait que sa vie serait courte. Néanmoins, quand il allait bien, il n'avait cure de l'avis des médecins et faisait comme s'il ne devait plus être malade; il mangeait peu le soir, pensant ainsi réparer les excès de la matinée. Après le repas, il donnait audience et quelquefois, tout seul, il passait le temps à dessiner les plans d'une forteresse ou d'un édifice, mais le plus souvent il avait l'habitude de deviser et plaisanter avec son nain polonais ou avec Adrien, son valet de chambre, et souvent aussi avec le baron Monfalconetto, son majordome; comme celui-ci était facétieux et plein d'esprit, l'empereur prenait très grand plaisir à sa conversation. Il allait parfois à la chasse avec huit ou dix chevaux et il ramenait bien souvent deux cerfs ou deux sangliers. Parfois, il tirait au fusil des pigeons ou des corneilles et autres animaux de cette sorte et, dans ce genre de passe-temps, il ne dépensait pas cent ducats par an, tant il était attentif aux choses importantes. Il pratiquait la même parcimonie pour ses habits de cour, pour ses écuries, pour les vêtements qu'il portait d'ordinaire et pour tout, au point que si, en s'habillant, il cassait un lacet, il le nouait quand même de peur de perdre du temps à s'en faire apporter un autre. Sa parcimonie était telle qu'il n'y avait personne qui, pour dix écus, obtînt plus de choses que lui. Pour le reste, comme les autres dépenses ne passaient pas entre ses mains, il faisait comme les autres princes qui font confiance à leurs serviteurs. Encore qu'il mît beaucoup de soin à se faire expliquer tous les détails de ses affaires et qu'il cherchât toujours à savoir où passait l'argent, jusqu'au moindre écu, tant il était soucieux du sien.

Sansovino,
Simolacro di Carlo Quinto imperatore,
Venise, 1567

La mort de Charles Quint

Cette lettre privée, d'une sœur à son frère, dit plus et mieux qu'aucun récit d'historien.

Vers la mi-août, Sa Majesté souffrit de la goutte; cela dura jusqu'au 24. Le 31, il passa tout l'après-midi sur le balcon à prendre le soleil et il se fit servir une collation. Le lendemain, peut-être pour cette raison ou pour une autre, il prit froid; il avait de la fièvre et mal à la tête. On lui fit une saignée au bras, puis à la main, ce qui fit disparaître cette forte migraine. On lui administra du mana en guise de purge; il le rejeta. On lui donna alors de la rhubarbe. Quelques jours après, la fièvre le reprit. On fit venir le docteur Cornelio et on lui donna tous les soins qui convenaient. Chaque jour on me rendait compte de l'état de santé qui allait en s'aggravant; on lui donnait les bouillons qui convenaient, mais cela servait à peu de choses. Sa Majesté décida alors de rédiger un codicille à son testament. Comme l'archevêque de Tolède était en route, on lui dit de se hâter et d'attendre dans un monastère, à une lieue de Yuste, pour que, si Notre Seigneur devait le rappeler à Lui, il pût l'assister dans ses derniers moments et prendre les dispositions nécessaires pour les obsèques. Le lundi 19 septembre, à neuf heures du soir, on donna l'extrême-

Charles Quint aurait organisé un simulacre de son enterrement, à Yuste. Cette légende tenace – comme d'autres, ainsi «Charles Quint ramassant le pinceau de Titien» – a excité l'imagination des artistes au XVIIIᵉ comme au XIXᵉ siècle.

onction à Sa Majesté; il la reçut avec beaucoup de dévotion; auparavant il avait demandé et reçu les autres sacrements. L'archevêque arriva le lendemain, mardi; il réconforta Sa Majesté et lui parla longuement de son salut. Il demanda qu'on lui administrât de nouveau le Saint Sacrement car il pensait que cela lui procurerait une grande consolation. Le confesseur objecta qu'après l'extrême-onction ce n'était pas l'usage, mais que, si Sa Majesté le souhaitait, il en serait fait selon son désir, ce qui fut fait. Sa Majesté reçut la communion avec une grande

dévotion, mais il ne pouvait pas avaler l'hostie; le prêtre dut l'y aider avec son doigt et de l'eau. Cela le consola et de temps en temps il échangeait quelques mots avec l'archevêque; il était parfaitement lucide. Comme il se sentait près de la fin, il fit allumer des chandelles bénites; les religieux qui étaient présents récitèrent les litanies et les psaumes qu'il aimait. L'archevêque tenait à la main un crucifix qui avait appartenu à l'impératrice; Sa Majesté le lui demanda; il le posait sur son cœur, puis le portait à ses lèvres. Quand le dernier moment fut arrivé, l'archevêque reprit le crucifix et c'est en le fixant des yeux que Sa Majesté expira, mercredi, jour de saint Matthieu, à deux heures et demie du matin.

Lettre de la régente Jeanne
à son frère Philippe II,
Valladolid, 11 octobre 1558

Instructions de Charles Quint au futur Philippe II

Le futur Philippe II a seize ans quand Charles Quint commence à lui confier des responsabilités politiques. Ces instructions sont de deux ordres : les unes ont trait à la conduite privée, les autres à la politique. Philippe deviendra roi d'Espagne lors de l'abdication de son père, en 1556.

Règles de vie

Où Charles Quint met en garde son fils contre les excès de la chair.

Je vous l'ai dit à Madrid : ne croyez pas que l'étude vous maintiendra dans l'enfance; au contraire, elle vous donnera plus d'honneur et de réputation et, malgré votre jeune âge, on vous prendra pour un adulte, car, pour être adulte, il ne suffit pas de le vouloir ni de grandir physiquement; il faut avoir du jugement et savoir agir en adulte et en adulte sage, avisé, bon et honnête. Pour cela l'étude est indispensable, ainsi que les bons exemples et les bonnes habitudes. Elle est nécessaire pour tout le monde, mais pour vous plus que pour d'autres, me semble-t-il, car vous devrez connaître

Charles Quint et Philippe II (ci-dessous). A droite, un portrait de l'empereur attribué à Van Orley.

les territoires sur lesquels vous aurez à régner, leur situation, la distance qui les sépare les uns des autres, les langues qu'on y parle. Il vous faudra vous faire comprendre et comprendre ce qu'on vous dira; pour cela, rien de plus nécessaire et de plus universel que le latin. Je vous recommande donc vivement de bien l'apprendre; ne vous mettez pas dans le cas de ne pas pouvoir vous exprimer dans cette langue de peur d'être ridicule. Il ne serait pas mauvais non plus d'avoir quelques notions de français. [...]

Il vous faudra aussi, mon fils, changer de vie et de fréquentations. Jusqu'à présent, vous avez été entouré d'enfants; vos distractions étaient celles d'un enfant. Dorénavant vous vous détournerez des enfants, sauf pour leur donner des ordres. Vous vous entourerez de vieillards et d'hommes mûrs qui aient de la vertu et qui puissent vous donner de bonnes habitudes et de bons exemples; vos distractions seront les leurs, mais modérément, car Dieu vous a fait pour régner et non pas pour vous amuser. Néanmoins, compte tenu de votre âge, il est normal que vous preniez parfois quelques distractions, mais modérément, sans oublier pour autant vos affaires. Quand vous souhaiterez vous distraire, il sera bon que vous preniez toujours conseil et que vous en informiez votre entourage de telle sorte que cela soit compatible avec le moment et les affaires en cours. Sur ce point, comme sur d'autres, je suis sûr de don Juan de Zúñiga : il ne vous empêchera pas de vous distraire quand ce sera le moment et il ne vous y poussera pas quand ce ne sera pas le moment. Ce n'est pas ce que vous diraient beaucoup d'autres qui, pour vous flatter et prendre de l'influence sur vous, ne penseront qu'à vous mettre dans les plaisirs, joutes, tournois, jeux de bague, chasse et autres choses pires dont vous devrez vous écarter dans tous les cas. Ne vous attachez pas autant aux bouffons; vous semblez les aimer beaucoup; ne consentez pas à les laisser venir jusqu'à vous en aussi grand nombre comme vous faites.

Mon fils, s'il plaît à Dieu, vous allez bientôt vous marier. [...] Je suis sûr que vous m'avez dit la vérité sur votre conduite et que vous tiendrez parole jusqu'à votre mariage; je n'en doute pas. Les conseils que je vais vous donner sont donc valables uniquement pour la période qui suivra le mariage. Vous êtes bien jeune, mon enfant; je n'ai pas d'autre fils que vous et je ne veux pas en avoir d'autre. Il est important que vous vous modériez et que vous ne fassiez pas d'excès au début; cela pourrait vous rendre malade; c'est mauvais pour la croissance et bien souvent ce genre d'excès empêche d'avoir des enfants et peut conduire à la mort, comme cela est arrivé au prince don Juan. C'est à la suite de sa disparition que j'ai pu hériter de ces royaumes. [...]

Songez à ce qui pourrait se passer si vos sœurs et leurs maris devaient vous succéder et aux soucis que cela me donnerait dans ma vieillesse. C'est pourquoi il vous faudra beaucoup vous modérer quand vous serez avec votre femme. Ce n'est pas toujours facile; la solution est de vous éloigner d'elle le plus possible. Je vous le recommande vivement : dès que le mariage sera consommé, trouvez un prétexte quelconque pour vous éloigner d'elle. Ne revenez pas la voir tout de suite ni souvent et quand vous reviendrez, ne restez auprès d'elle que peu de temps.

Palamos, 4 mai 1543

L'art de gouverner

On remarquera la mise en garde de Charles Quint contre les Grands et leurs ambitions.

Charles Quint et Martin Luther, à Worms, en 1521 : c'est encore le temps du dialogue

Vous vous souvenez de ce que je vous ai dit sur les factions, les rivalités et même les partis qui opposent les hommes à mon service. [...] Ne donnez votre confiance à personne. En public, ils vous feront tous mille démonstrations; en secret, ils feront le contraire; soyez donc sur vos gardes. J'ai désigné le cardinal de Tolède, le Président et Cobos comme vos conseillers dans les affaires du gouvernement. Ils dirigent autant de clans, mais j'ai tenu à les associer pour vous éviter d'avoir affaire à un seul d'entre eux. Chacun s'efforcera de vous prendre en mains et de se rendre indispensable. Le cardinal de Tolède agira avec humilité et sainteté; respectez-le; faites-lui confiance sur les questions de vertu; il sera de bon conseil; [...] pour le reste, ne vous en remettez jamais à lui seul, pas plus qu'à personne d'autre. Au contraire, traitez les affaires avec plusieurs ministres; ne soyez pas dépendant d'un seul. C'est moins reposant, mais c'est indispensable, surtout au début; sinon, on dira que vous avez un favori et celui qui passera pour tel en tirera vanité et en viendra à commettre mille erreurs et tous les autres en éprouveront du ressentiment.

Le duc d'Albe aurait bien voulu entrer dans cette équipe; il forme un clan à lui tout seul. Mais il s'agit d'affaires d'État et il n'est pas bon que les Grands s'en mêlent; c'est pourquoi je l'ai écarté.

Les Indes : la encomienda

Cette lettre prouve que Charles Quint avait été troublé par la campagne anticolonialiste qui allait donner lieu à la controverse de Valladolid.

En ce qui concerne les Indes, il est indispensable que vous ayez soin de savoir ce qui s'y passe […] de telle sorte que les Indes soient gouvernées avec justice, repeuplées et réorganisées. Veillez à mettre un terme aux exactions des conquistadors et d'autres qui sont passés là-bas avec des fonctions officielles et qui en ont profité; protégez les Indiens et soulagez leur sort comme il est juste de le faire et imposez à ces conquistadors votre autorité de façon à vous concilier la bonne volonté et la fidélité des dits Indiens. Que le Conseil des Indes s'en occupe sans préjugés d'aucune sorte; c'est une affaire de la plus haute importance.

Augsbourg, 18 janvier 1548

Les hérétiques : le dernier autodafé du règne de l'empereur

A la fin de sa vie, Charles Quint restait obsédé par le péril luthérien.

Je prie mon fils [Philippe II] et je lui demande instamment et avec toute la véhémence possible, comme un père qui l'aime tant, au nom de l'obéissance qu'il me doit, de veiller soigneusement à cette affaire si importante et si lourde de conséquences; je demande que les hérétiques soient poursuivis et châtiés d'une manière exemplaire et rigoureuse, comme ils le méritent, et cela sans aucune exception, sans tenir compte d'aucune intervention, sans égard pour qui que ce soit.

Codicille de Yuste, 1558

ce qu'il a mal pris. Je me suis aperçu, depuis qu'il est entré à mon service, qu'il a de grandes prétentions et qu'il aspire à prendre tout le pouvoir possible, bien qu'en arrivant il se soit fait tout petit; qui sait ce qu'il entreprendra auprès de vous qui êtes plus jeune. Gardez-vous bien de lui donner, à lui ou à d'autres Grands, trop d'influence dans les affaires de l'Etat : ils finiraient par se rendre maîtres de vous et cela vous coûterait cher. Il n'hésitera pas à faire intervenir des femmes pour vous mettre de son côté; faites-y très attention. Pour le reste, il n'est utile pour la politique étrangère et pour les affaires militaires; prenez son avis sur ces questions et donnez-lui des marques d'estime : il est le plus compétent que nous ayons.

Palamos, 6 mai 1543

La controverse de Valladolid

Charles Quint charge une commission de lui remettre un rapport sur la colonisation après avoir entendu Sepúlveda et Las Casas. Cette commission s'est réunie à Valladolid, du 15 août au 30 septembre 1550, et de la mi-avril au début mai 1551.

Charles Quint, empereur et défenseur de la chrétienté...

Résumé du père Domingo de Soto

La question dont vous devez discuter est la suivante : vous avez à examiner de quelle façon et selon quelles règles on peut prêcher et propager notre sainte foi catholique dans le Nouveau Monde que Dieu nous a donné à découvrir de telle sorte qu'on agisse au mieux de ses intérêts; examiner encore comment soumettre ces populations à Sa Majesté impériale, notre maître, sans problème de conscience pour le roi, comme l'y avait autorisé la bulle du pape Alexandre VI [1493]. Néanmoins, les rapporteurs [Sepúlveda et Las Casas] n'ont pas abordé la question sous une forme générale; ils sont entrés dans les détails et ont examiné ceci : Sa Majesté a-t-elle le droit de faire la guerre aux Indiens avant leur évangélisation pour les soumettre à son autorité de telle sorte qu'après leur soumission ils puissent être plus facilement instruits, à la lumière de la doctrine évangélique, de leurs erreurs et de la vérité du christianisme? Le docteur Sepúlveda est favorable à cette idée; il affirme que cette sorte de guerre est non seulement juste, mais opportune. L'évêque [de Chiapas : Las Casas] y est hostile; il soutient que la guerre n'est ni opportune ni juste, mais inique et contraire à notre doctrine chrétienne. [...]

Le docteur Sepúlveda s'appuie sur quatre arguments : 1) l'énormité des crimes commis par ces Indiens, notamment l'idolâtrie et les péchés contre nature; 2) leur caractère fruste : ce sont des barbares voués par nature à la servitude, donc tenus de servir les peuples plus évolués, les Espagnols, par exemple; 3) les nécessités de l'évangélisation : la soumission préalable facilite la prédication; 4) les injustices qu'ils commettent les uns à l'égard des

Les sacrifices humains au Mexique, un des arguments majeurs de la controverse.

...tres, sacrifices humains et nnibalisme. [...]

Dans sa réplique, l'évêque apporte usieurs arguments qu'on peut résumer à quatre points : 1) [l'idolâtrie n'est pas ue cause de guerre juste]; 2) la foi ne ut se démontrer par la raison; [...] ux qui vont la recevoir doivent porter ue pieuse affection à ceux qui la êchent : le comportement de ces rniers porte témoignage du vrai Dieu, i'ils servent, et de la vérité de la foi i'ils prêchent. Les guerres préalables a prédication sont contraires à cet jectif; [...] 3) Jésus-Christ a demandé ous les chrétiens de prêcher l'Evangile ns le monde entier; [...] cela ne nous torise pas à forcer les païens à nous vre, mais seulement à leur prêcher vérité s'ils veulent bien nous écouter;

[...] 4) s'agissant des crimes contre des innocents, sacrifices humains ou cannibalisme, [la réplique de l'évêque est la suivante] : de deux maux, il faut choisir le moindre; tolérer que les Indiens tuent quelques innocents pour les manger est un moindre mal par rapport aux malheurs qu'entraîne une guerre. [...] Les sacrifices humains ont été fréquents dans l'Antiquité [...]; pour éprouver la foi et l'amour d'Abraham, Dieu lui avait demandé de lui sacrifier son fils le plus chéri. [...]

Les Indiens sont-ils des barbares? Certaines de leurs mœurs peuvent choquer, mais ce sont des peuples qui vivent en sociétés organisées dans des villes, dans des maisons; ils ont des lois, des métiers, une hiérarchie sociale, un gouvernement.

Charles Quint vu par la littérature

Rares sont les écrivains du XVIᵉ siècle qui n'ont pas parlé de Charles Quint. On a retenu ici les témoignages d'un Italien, d'un Français et d'un Espagnol; on y a ajouté celui de Voltaire – surprenant de la part de cet auteur.

Passions de Charles Quint, la guerre et les armes, les tournois et les chasses, les voyages et les banquets… prennent plus de place dans sa biographie que les livres.

Les lectures de Charles Quint

Ami de Titien, Charles Quint était également en relation avec les Vénitiens Sansovino et l'Arétin.

Bien qu'il n'eût guère tiré profit de ses études, il avait cependant appris l'espagnol, l'allemand et le français. Il comprenait plutôt mal le latin. Il prenait plaisir à trois livres seulement qu'il avait fait traduire, l'un pour la conduite de la vie privée : *Le Courtisan* du comte Balthazar de Castiglione; l'autre, pour les affaires d'Etat : *Le Prince* et les *Discours* de Machiavel; le troisième, pour les choses de la guerre : *L'Histoire* de Polybe. Mais il prisait beaucoup plus les armes comme étant le véritable fondement de la puissance et il estima toujours plus que personne au monde les affaires militaires. Il s'y connaissait en artillerie; il savait merveilleusement disposer les armées en bataille; il veillait à leur donner des cantonnements avec une grande maîtrise et il connaissait tous les moyens d'assiéger une ville.

Sansovino
Simolacr

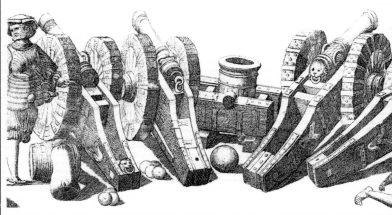

Charles Quint le Bourguignon

Ce texte complète le précédent en ce qui concerne les lectures de Charles Quint.

On raconte aussi de cet empereur qu'il buvait toujours trois fois à son dîner et son souper, fort sobrement pourtant en son boire et en son manger.

Lorsqu'il couchait avec une belle dame (car il aimait l'amour, et trop pour ses gouttes), il n'en eut jamais parti qu'il n'en eût joui trois fois.

Il aimait le jour et la fête de saint Mathias et le saint et tout, parce qu'à tel jour il fut élu empereur et à tel jour couronné et tel jour aussi il prit le roi François prisonnier, non pas lui proprement, mais ses lieutenants.

Entre toutes les langues, il entendait la française tenir plus de majesté que toute autre. Quel bon juge et suffisant pour la mieux honorer ! Et se plaisait de la parler, bien qu'il en eût plusieurs autres familières, repentant et disant souvent, quand il tombait sur la beauté des langues, selon l'opinion des Turcs, qu'autant de langues que l'homme sait parler, autant de fois est-il homme; tellement que si un brave homme parlait de neuf ou dix sortes de langages, il l'estimait autant lui tout seul qu'il eût fait dix autres.

J'ai ouï dire qu'il fit traduire l'histoire de messire Philippe de Commines, française, en toutes les autres qu'il savait, pour ne les oublier, les pratiquer et retenir mieux ladite histoire et pour imiter mieux son aïeul, le brave Charles de Bourgogne, et le bon rompu le roi Louis XI en ses faits et conditions et principalement en rompement de foi, pour régner à l'exemple de César qui n'en disait et en faisait de même.

Brantôme,
Les Vies des grands capitaines étrangers

Charles Quint matador

L'empereur prit part, un jour [en 1527, lors des fêtes données pour la naissance du futur Philippe II], à une corrida à Valladolid sous les yeux de l'impératrice et de ses dames. Le taureau était grand et noir comme un corbeau; il s'appelait Mahomet. On peut imaginer l'émotion des spectateurs devant ce combat entre un fauve et l'empereur des chrétiens. La bête était sauvage, mais elle restait immobile, soufflant et grattant le sol. Pero Vélez de Guevara, un vieux chevalier maître en tauromachie, dit à l'empereur : Vous devriez le provoquer pour le faire venir à vous. L'empereur répondit : Montrez-moi comment vous vous y prenez. Pero Vélez marche vers le taureau qui s'élance, le fait tomber et éventre son cheval. Pero Vélez, penaud, retourne près de l'empereur qui lui dit : Je n'ai pas l'intention de suivre vos conseils. Le taureau retourne à sa place. Comme il ne bougeait toujours pas, l'empereur s'avance vers lui et lui porte au cervelet un coup qui entraîne une mort instantanée, la lance clouée au corps.

Zapata,
Miscellanée

C'est l'anecdote suivante qui est le point de départ du film de John Huston, Le Faucon maltais *(1941).*

Les faucons maltais

L'empereur avait cédé l'île de Malte à l'ordre de Saint-Jean. L'ordre, en signe de tribut et de reconnaissance, lui envoie tous les ans un certain nombre de gerfauts et de faucons. Il est juste qu'on échange des îles et des territoires contre des faucons, espèce noble et estimée.

Ibid.

CAROLVS·ILLE·EGO·SVM·

Charles Quint, monarque éclairé?

Tant de princes à ses pieds lui donnent
une grandeur qui impose. La grandeur
véritable fut d'aller repousser Soliman
de la Hongrie, à la tête de cent mille
hommes, assisté de son frère Ferdinand,
et surtout des princes protestants
d'Allemagne, qui se signalèrent pour
la défense commune. Ce fut là le
commencement de sa vie active et de sa
gloire personnelle. On le voit à la fois
combattre les Turcs, retenir les Français
au delà des Alpes, indiquer un concile,
et revoler en Espagne pour aller faire
la guerre en Afrique. Il aborde devant
Tunis (1535), remporte une victoire
sur l'usurpateur de ce royaume, donne
à Tunis un roi tributaire de l'Espagne,
délivre dix-huit mille captifs chrétiens,
qu'il ramène en triomphe en Europe, et
qui, aidés de ses bienfaits et de ses dons,
vont, chacun dans leur patrie, élever le
nom de Charles Quint jusqu'au ciel.
Tous les rois chrétiens alors semblaient
petits devant lui, et l'éclat de sa
renommée obscurcissait toute autre
gloire.

Son bonheur voulut encore que
Soliman, ennemi plus redoutable que
François Ier, fût alors occupé contre les
Persans (1534). Il avait pris Tauris, et
de là, tournant vers l'ancienne Assyrie, il
était entré en conquérant dans Bagdad,
la nouvelle Babylone, s'étant rendu
maître de la Mésopotamie, qu'on nomme
à présent le Diarbek, et du Kurdistan,
qui est l'ancienne Suziane. Enfin, il
s'était fait reconnaître et inaugurer roi de
Perse par le calife de Bagdad. Les califes
en Perse n'avaient plus depuis longtemp
d'autre honneur que celui de donner en
cérémonie le turban des sultans, et de
ceindre le sabre au plus puissant.
Mahmoud, Gengis, Tamerlan, Ismaël
Sophi, avaient accoutumé les Persans
à changer de maîtres (1535). Soliman,
après avoir pris la moitié de la Perse
sur Thamas, fils d'Ismaël, retourna
triomphant à Constantinople. Ses
généraux perdirent en Perse une partie
des conquêtes de leur maître.

C'est ainsi que tout se balançait, et que tous les Etats tombaient les uns sur les autres, la Perse sur la Turquie, la Turquie sur l'Allemagne et sur l'Italie, l'Allemagne et l'Espagne sur la France; et s'il y avait eu des peuples plus occidentaux, l'Espagne et la France auraient eu de nouveaux ennemis.

L'Europe ne sentit point de plus violentes secousses depuis la chute de l'Empire romain, et nul empereur depuis Charlemagne n'eut tant d'éclat que Charles Quint. L'un a le premier rang dans la mémoire des hommes comme conquérant et fondateur; l'autre, avec autant de puissance, a un personnage bien plus difficile à soutenir. Charlemagne, avec les nombreuses armées aguerries par Pépin et Charles Martel, subjugua aisément les Lombards amollis, et triompha des Saxons sauvages. Charles Quint a toujours à craindre la France, l'empire des Turcs, et la moitié de l'Allemagne.

L'Angleterre, qui était séparée du reste du monde au VIIIe siècle, est, dans le XVIe, un puissant royaume qu'il faut toujours ménager. Mais ce qui rend la situation de Charles Quint très supérieure à celle de Charlemagne, c'est qu'ayant à peu près en Europe la même étendue de pays sous ses lois, ce pays est plus peuplé, beaucoup plus florissant, plein de grands hommes en tout genre. On ne comptait pas une grande ville commerçante dans les premiers temps du renouvellement de l'empire. Aucun nom, excepté celui du maître, ne fut consacré à la postérité. La seule province de Flandre, au XVIe siècle, vaut mieux que tout l'empire au IXe. L'Italie, au temps de Paul III, est à l'Italie du temps d'Adrien Ier et de Léon III, ce qu'est la nouvelle architecture à la gothique. Je ne parle pas ici des beaux-arts, qui égalaient ce siècle à celui d'Auguste, et du bonheur qu'avait Charles Quint de compter tant de grands génies parmi ses sujets; il ne s'agit que des affaires publiques et du tableau général du monde.

Voltaire,
Essai sur les mœurs

GÉNÉALOGIE DE CHARLES QUINT

M. Péronnet (*Le XVIe siècle : des grandes découvertes à la Contre-Réforme. 1492-1620*, Paris, Hachette, 1981) a étudié la généalogie de Charles Quint sur trente quartiers. Voici sa conclusion : «Charles tient, pour sept quartiers, à la maison royale de France par Bourbon et Bourgogne; pour cinq quartiers, à la maison royale de Castille; pour deux quartiers, à la grande noblesse de Castille (Enríquez); pour quatre quartiers, à la maison royale d'Aragon; pour cinq quartiers, à la maison royale de Portugal. Ainsi, par plus de la moitié de ses ascendants, Charles est allié à des maisons régnantes de la péninsule Ibérique. [...] Charles [...] tient à la maison régnante des Habsbourg pour quatre quartiers et par deux quartiers aux maisons régnantes d'Angleterre.»

LA FAMILLE DE CHARLES QUINT

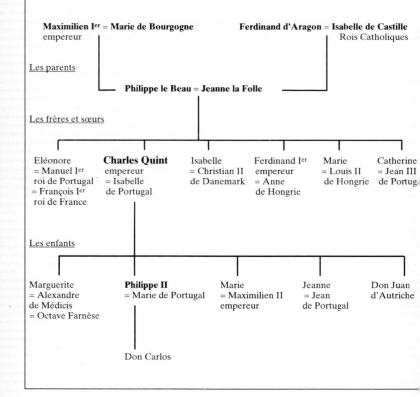

Les grands-parents

Maximilien Ier = Marie de Bourgogne
empereur

Ferdinand d'Aragon = Isabelle de Castille
Rois Catholiques

Les parents

Philippe le Beau = Jeanne la Folle

Les frères et sœurs

Eléonore
= Manuel Ier
roi de Portugal
= François Ier
roi de France

Charles Quint
empereur
= Isabelle
de Portugal

Isabelle
= Christian II
de Danemark

Ferdinand Ier
empereur
= Anne
de Hongrie

Marie
= Louis II
de Hongrie

Catherine
= Jean III
de Portug.

Les enfants

Marguerite
= Alexandre
de Médicis
= Octave Farnèse

Philippe II
= Marie de Portugal

Marie
= Maximilien II
empereur

Jeanne
= Jean
de Portugal

Don Juan
d'Autriche

Don Carlos

CHRONOLOGIE (1500-1558)

0 24 février : naissance de Charles à Gand.

3 10 mars : naissance à Alcalá de Henares de Ferdinand, frère de Charles.
Jules II, pape.

4 26 novembre : mort de la reine Isabelle de Castille.
Jeanne reine de Castille.
Ferdinand d'Aragon régent.

6 Mort de Christophe Colomb.
25 septembre : mort à Burgos de Philippe le Beau, père de Charles.

7 18 juillet : à Bruxelles, Charles couronné duc de Bourgogne.

9 Henri VIII, roi d'Angleterre.

3 Léon X, pape.

5 5 janvier : à Bruxelles, Charles proclamé majeur.
François Ier, roi de France.
Victoire française à Marignan.

6 23 janvier : mort de Ferdinand d'Aragon.
13 mars : à Bruxelles, Charles proclamé roi de Castille et d'Aragon, conjointement avec sa mère Jeanne.

7 19 septembre : Charles débarque à Villaviciosa.
31 octobre : Luther affiche ses thèses sur la réforme de l'Eglise.

8 21 mars : Cortès de Valladolid.

9 12 janvier : mort de l'empereur Maximilien.
Avril : Hernán Cortés débarque au Mexique.
28 juin : Charles élu roi des Romains.

20 Avril : Cortès de Saint-Jacques et de La Corogne.
20 mai : Charles s'embarque à La Corogne.
Adrien d'Utrecht, régent.
Révolte des comuneros.
23 octobre : Charles couronné roi des Romains à Aix-la-Chapelle.
Avènement de Soliman le Magnifique.

1521 Janvier : ouverture de la diète de Worms.
Luther excommunié.
21 avril : défaite des comuneros à Villalar.
Les Turcs prennent Belgrade.

1522 9 janvier : Adrien VI pape.
5 juillet : naissance de Marguerite de Parme, fille naturelle de Charles.
16 juillet : retour de Charles en Espagne.
Les Turcs prennent Rhodes.

1523 19 novembre : Clément VII pape.

1525 24 février : bataille de Pavie.
François Ier prisonnier est conduit à Madrid.
13 janvier : traité de Madrid.

1526 10 mars : à Séville, mariage de Charles et d'Isabelle de Portugal.
17 avril : François Ier est libéré.
17 août : Charles lance un défi à François Ier.

1527 mai : sac de Rome par l'armée impériale.
21 mai : naissance du futur Philippe II.

1529 27 juillet : Charles quitte l'Espagne.
14 octobre : Soliman assiège Vienne.

1530 22-24 février : le pape couronne Charles à Bologne.

1532 Pizarro au Pérou.

1533 Avril : retour de Charles en Espagne.
Novembre : prise de Cuzco.

1534 25 septembre : mort du pape Clément VII.
13 octobre : Paul III, pape.
Ignace de Loyola fonde la Compagnie de Jésus.

1535 Juin : prise de Tunis.

1536 Février : alliance de François Ier avec les Turcs.
5-18 avril : Charles à Rome.
Décembre : retour de Charles en Espagne.

1539 1er mai : mort de l'impératrice Isabelle.
Novembre : Charles quitte l'Espagne.

1541	25 octobre : Charles débarque à Alger. Novembre : retour de Charles en Espagne.	**1549**	10 novembre : mort du pape Paul III.
1542	Lois nouvelles sur les Indes.	**1550**	7 février : Jules III, pape.
1543	Mai : Charles quitte l'Espagne.	**1553**	Mort d'Edouard VI. Marie Tudor, reine d'Angleterre.
1544	19 septembre : traité de Crépy.	**1554**	Le futur Philippe II épouse Marie Tudor.
1545	13 décembre : ouverture du concile de Trente.	**1555**	23 mars : mort de Jules III. 23 mai : Paul IV, pape. 25 octobre : première abdication de Charles. Paix d'Augsbourg.
1546	18 février : mort de Luther.		
1547	Janvier : mort d'Henri VIII. Edouard VI, roi d'Angleterre. 24 février : naissance à Ratisbonne de Don Juan d'Autriche. 30 mars : mort de François Ier. Henri II, roi de France. 24 avril : victoire de Mühlberg. Naissance de Cervantès.	**1556**	16 janvier : seconde abdication de Charles. Septembre : retour de Charles en Espagne.
		1557	3 février : Charles à Yuste. Août : victoire espagnole de Saint- Quentin.
1548	Diète et Intérim d'Augsbourg.	**1558**	21 septembre : mort de Charles. Novembre : mort de Marie Tudor. Elisabeth, reine d'Angleterre.

LES VOYAGES DE CHARLES QUINT

Charles Quint rappelle, dans son discours d'abdication, que, tout au long d'un règne de 43 ans, il s'est rendu neuf fois en Allemagne, sept fois en Espagne, sept fois en Italie, quatre fois en France, deux fois en Angleterre et en Afrique. Il a passé au total une dizaine d'années aux Pays-Bas; son plus long séjour en Espagne a été de sept ans – de 1522 à 1529 –, mais il en a été absent de mai 1543 à septembre 1556.

- De sa naissance (24 février 1500) à septembre 1517 : Pays-Bas.
- De septembre 1517 à mai 1520 : Espagne.
- Du 26 mai 1520 à juillet 1522 : Allemagne, en passant par l'Angleterre et les Pays-Bas.
- Du 16 juillet 1522 à juillet 1529 : Espagne.
- Du 7 août 1529 à mars 1530 : Italie.
- D'avril 1530 à janvier 1531 : Allemagne.
- De janvier 1531 à janvier 1532 : Pays-Bas.
- De janvier à octobre 1532 : Allemagne.
- D'octobre 1532 à avril 1533 : Italie.
- D'avril 1533 à avril 1535 : Espagne.
- D'avril à août 1535 : expédition de Tunis.
- D'août 1535 à juin 1536 : Italie.
- De juillet à septembre 1536 : campagne de Provence.

- De septembre à novembre 1536 : Italie.
- De décembre 1536 à novembre 1539 : Espagne (mai-juillet 1538 : Nice, Villefranche, Aigues-Mortes).
- De novembre 1539 à août 1541 : Pays-Bas et Allemagne en passant par la France.
- Du 15 août à octobre 1541 : Italie.
- D'octobre à novembre 1541 : expédition d'Alger.
- Du 26 novembre 1541 à mai 1543 : Espagne.
- Du 24 mai à juillet 1543 : Italie.
- De juillet à août 1543 : Allemagne.
- De septembre 1543 à janvier 1544 : Pays-Bas.
- De janvier à juin 1544 : Allemagne.
- De juin à septembre 1544 : campagne de France.
- Du 25 septembre 1544 à mai 1545 : Pays-Bas.
- De mai à août 1545 : Allemagne.
- Du 18 août 1545 à mai 1546 : Pays-Bas.
- Du 21 mars 1546 à septembre 1548 : Allemagne.
- De septembre 1548 à juin 1550 : Pays-Bas.
- De juin 1550 à novembre 1552 : Allemagne.
- De novembre 1552 à janvier 1553 : campagne de Lorraine.
- De janvier 1553 à septembre 1556 : Pays-Bas.
- Du 28 septembre 1556 jusqu'à sa mort (21 septembre 1558) : Espagne.

BIBLIOGRAPHIE

Chroniques et documents

Fernández Alvarez, Manuel, *Corpus documental de Carlos V*, 5 volumes, Salamanque, 1973.

Foronda y Aguilera, Manuel, *Estancias viajes del emperador Carlos V*, s. l., 1914.

Girón, Pedro, *Crónica del emperador Carlos V*, Madrid, 1964.

Mejía, Pero, *Historia del emperador Carlos V*, Madrid, 1945.

Morel-Fatio, Alfred, *Historiographie de Charles Quint*, Paris, 1913.

Sandoval, Prudencio de, *Historia de la vida y hechos del emperador Carlos V*, Madrid, Biblioteca de Autores Españoles, tome LXXX.

Santa Cruz, Alonso de, *Crónica del emperador Carlos V*, 5 volumes, Madrid, 1920-1925.

Bibliographie générale

Armstrong, Edward, *The Emperor Charles V*, 2 volumes, Londres, 1902.

Babelon, Jean, *Charles Quint*. Paris, 1947.

Baumgarten, Hermann, *Geschichte Karls V*, 3 volumes, Stuttgart, 1885-1892.

Brandi, Karl, *Charles Quint*, Paris, 1939.

Carande, Ramón, *Carlos V y sus banqueros*, 3 volumes, Madrid, 1965-1967.

Charles Quint et son temps, Paris, CNRS, 1959.

Chaunu, Pierre, *L'Espagne de Charles Quint*, 2 volumes, Paris, 1973.

Erlanger, Philippe, *Charles Quint*, Paris, 1980.

Fernández Alvarez, Manuel, *Carlos V. Un hombre para Europa*, Madrid, 1976.

Fernández Alvarez, Manuel, *La España del emperador Carlos V*, Madrid, Espasa-Calpe, 1979 (tome XVIII de la *Historia de España* publiée sous la direction de R. Menéndez Pidal).

Fernández Alvarez, Manuel, *Política mundial de Carlos V y Felipe II*, Madrid, 1966.

- Hamilton, Earl J., *American Treasure and the Price Revolution in Spain. 1501-1650*, Cambridge, Massachusetts, 1934.

- Hanke, Lewis, *La Lucha española por la justicia en la conquista de América*, 2e édition, Madrid, 1967.

- *Homenaje de la universidad de Granada a Carlos V*, Grenade, 1958.

- Jover, José-María, *Carlos V y los Españoles*, Madrid, 1963.

- Laiglesia, Francisco de, *Estudios históricos. 1515-1555*, 3 volumes, Madrid, 1918-1919.

- Lapeyre, Henri, *Charles Quint*, Paris, P. U. F., 1971, Collection «Que sais-je ?», n° 1439.

- Lucas-Dubreton, J., *Charles Quint*, Paris, 1958.

- Mahn-Lot, Marianne, *Barthélémy de Las Casas. L'Evangile et la force*, 3e édition, Paris, 1991.

- Mahn-Lot, Marianne, *La Conquête de l'Amérique espagnole*, Paris, 1974, collection «Que sais-je?», n° 1584.

- Maravall, José Antonio, *Carlos V y el pensamiento político del Renacimiento*, Madrid, 1958.

- Menéndez Pidal, Ramón, *La Idea imperial de Carlos V*, Madrid, 1940.

- Merriman, Roger B., *Carlos V y el imperio español en el viejo y nuevo mundo*, Buenos Aires-Mexico, 1949.

- Mignet, François, *Rivalité de François Ier et Charles Quint*, Paris, 1875.

- Ranke, Léopold, *L'Espagne sous Charles Quint, Philippe II et Philippe III ou les Osmanlis et la monarchie espagnole pendant les XVIe et XVIIe siècles*, Paris, 1845.

- Rassow, Peter, et Schalk, Fritz, *Karl V. Der Kaiser und seine Zeit*, Cologne, 1960.

- Tyler, Royall, *L'Empereur Charles Quint*, Paris, 1960.

TABLE DES ILLUSTRATIONS

INDEX

CRÉDITS PHOTOGRAPHIQUES

Archiv für Kunst und Geschichte, Berlin 34, 107, 132-133, 136-137, 139, 142-143. Aspect Pictures Library/Derek Bayes, Londres 58, 60-61. Bibliothèque nationale, Paris 13, 46h, 87, 109, 110b, 118-119b, 120, 135, 140, 146. Bibliothèque Royale Albert Ier, Cabinet des Estampes, Bruxelles 92, 93. Dagli Orti 18-19, 81, 105. D. R. 42, 54-55, 80, 108, 129, 134, 144, 145. Ecole Nationale Supérieure des Beaux-Arts, Paris 48, 141. Explorer 55. Fondation Collection Thyssen-Bornemisza, Madrid 44. Giraudon dos, 32b, 35, 56, 59, 62-63, 65, 83, 96, 104b, 111, 116, 118-119h, 121, 123, 126h. Institut de Recherche et d'Histoire des Textes/C.N.R.S. 91. Kunstsammlungen Veste Cobourg 102-103. Magnum/Erich Lessing 1er plat, 4e plat, 1 à 9, 11, 16, 21, 24, 100-101, 118g. Musée Bijloke, Gand 30. Musée Plantin-Moretus, Anvers (Musées historiques) 112-113, 114-115. Oronoz, Madrid Ier plat, 12, 15, 16-17h, 25, 26, 27h, 27b, 28-29, 29, 30, 31, 32-33, 33b, 36, 37, 38, 38-39, 39, 40, 41, 42-43, 3, 44-45, 45, 47, 49h, 49b, 50-51, 52h, 52b, 53, 54, 57, 61, 63, 64, 66-67, 67b, 69, 70-71, 72-73, 74h, 74b, 5, 76h, 76b, 77, 78, 79, 82, 84, 85h, 85b, 86, 88, 94h, 94b, 95, 97, 110h, 117, 122b, 124, 125, 126g, 128, 31. Österreichische Nationalbibliothek, Vienne 22, 23. Réunion des Musées Nationaux 19. Roger-Viollet 16-17b, 46b, 98, 127, 148-149. Scala, Florence 99, 104h, 106. Society of Antiquaries, Londres 0. Studio Claerhout, Gand 14, 20. The Hispanic Society of America, New York 68.

Table des matières